今川一族の家系

大塚　勲

目次

今川一族の家系

清和源氏足利氏族吉良庶流である今川氏は、その初祖国氏の孫範国《のりくに》が足利尊氏に従い戦功を立てたことにより、遠江・駿河の守護に補任され、駿河守護を継承した嫡流が戦国大名として活躍した名家である。以下、この今川一族の人々のことを世代別に述べることにする。

清和源氏足利略系図

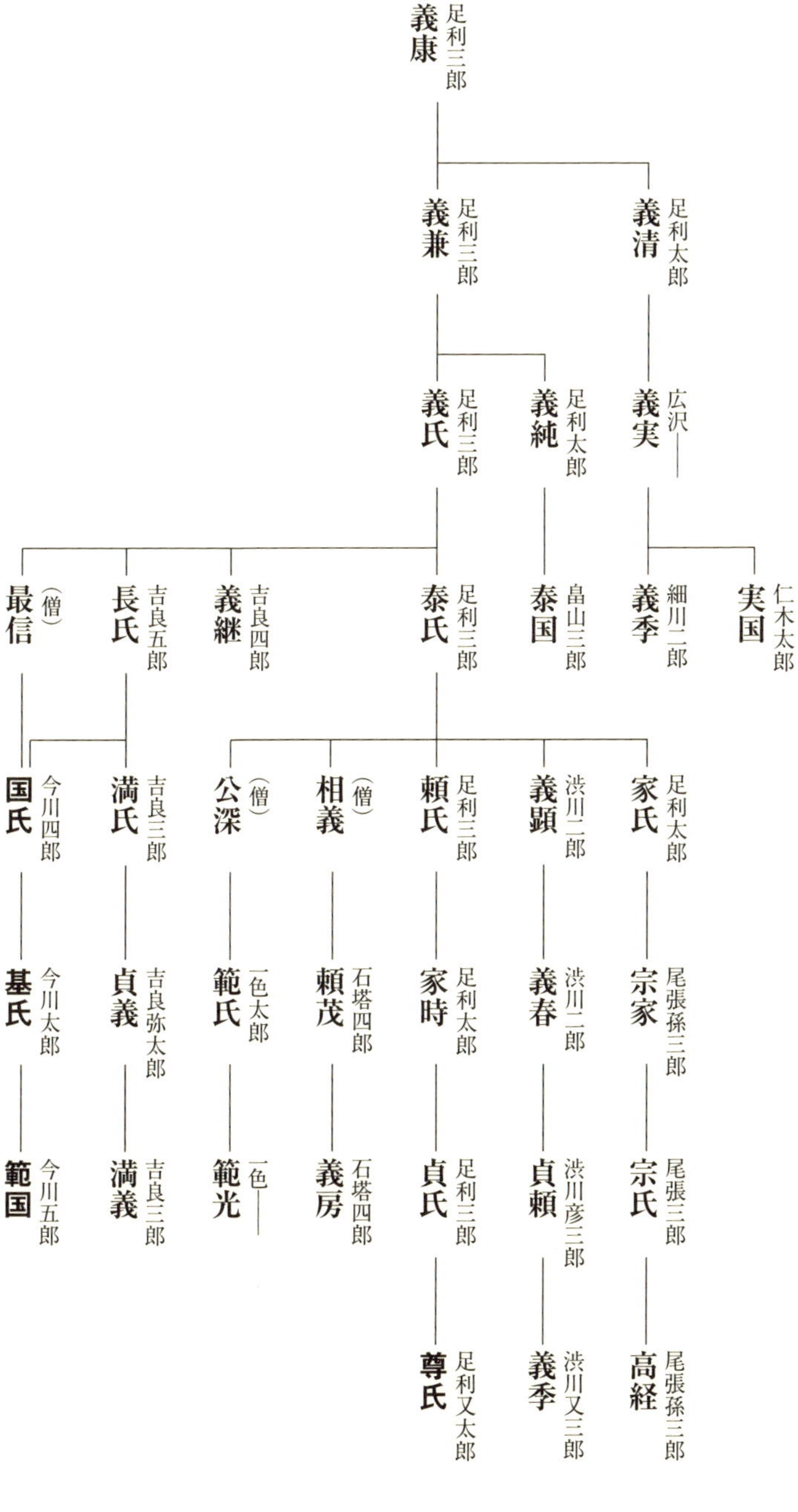
義康 足利三郎
義清 足利太郎
義兼 足利三郎
義実 広沢
義純 足利太郎
義氏 足利三郎
実国 仁木太郎
義季 細川二郎
泰国 畠山三郎
泰氏 足利三郎
義継 吉良四郎
長氏 吉良五郎
最信 (僧)
家氏 足利太郎
義顕 渋川二郎
頼氏 足利三郎
相義 (僧)
公深 (僧)
満氏 吉良三郎
国氏 今川四郎
宗家 尾張孫三郎
義春 渋川二郎
家時 足利太郎
頼茂 石塔四郎
範氏 一色太郎
貞義 吉良弥太郎
基氏 今川太郎
宗氏 尾張三郎
貞頼 渋川彦三郎
貞氏 足利三郎
義房 石塔四郎
範光 一色
満義 吉良三郎
範国 今川五郎
高経 尾張孫三郎
義季 渋川又三郎
尊氏 足利又太郎

鎌倉期・南北朝期

尊卑分脈

清和源氏今川

◦一部省略し書式を変えた所がある。

- **国氏** 実者最信僧正子也云々 今川太郎（四郎イ） 弘安六正十八出家 同年二月廿三日卒四十歳
  - **基氏** 今川太郎
    - **頼基** 式部大夫（頼国） 出家法名省誉
      - **頼貞** 建武安福殿女御侍（所）始勾当 駿河守 式部丞従五下
      - **頼兼** 式部丞従五下
    - **範国** 無官今川五郎 出家法名心省
      - **範氏** 上総介 中務大輔
        - **氏家** 中務大輔
        - **泰範** 上総介……
      - **貞世** 左京亮 伊豆（予）守 鎮西探題 出家了俊
        - **貞臣** 左京大夫……
        - **貞継** 伊予守
        - **言世** 右馬助
        - **貞兼** 左京亮
    - **国満** 今川七郎（範満）
    - **頼周** 三位房
  - **常氏** 今川次郎
    - **顕氏** 今川三郎
    - **貞国** 今川四郎

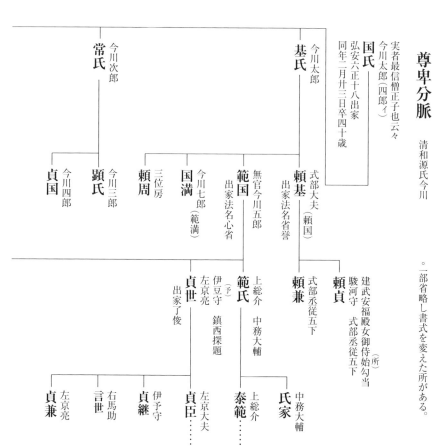

俊氏 今川三郎
- **俊国** 弾正少弼

政氏 今川四郎
- **政義** 今川又太郎 出家法名源心
- **長義** 今川七郎

経国 今川五郎本名常氏
- **顕氏** 今川三郎……
- **貞国** 同四郎
- **玄基** 僧 住東福寺
  - **助時** 蔵人 兵部大輔

親氏 今川六郎 出家法名義慶

氏兼 越後守 弾正少弼 出家真源
- **直忠** 越後守
- **頼春** 中務少輔
- **末兼** 兵部少輔

仲秋 右衛門佐 中務少輔 本名国泰 次 頼泰 又改仲秋 〔法名仲高〕
- **貞秋** 遠江守……
- **氏秋** 左馬助
- **直秋** 大蔵少輔

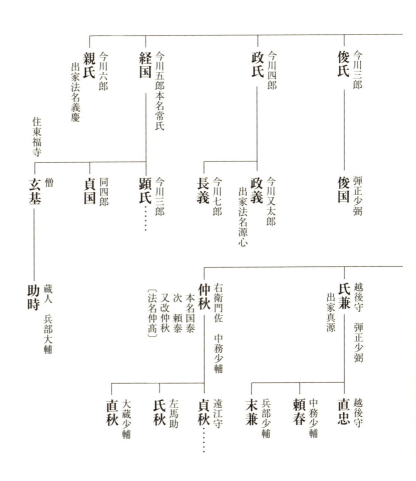

一　初祖国氏とその子供たち

国氏（四郎）は没年齢から逆算すると鎌倉中期の寛元二年（一二四四）の生まれとなる。父は足利義氏（左馬頭。三河守護）の子で僧となった最信《さいしん》（大僧正、鎌倉勝長寿院別当。歌人）。叔父長氏（吉良五郎、上総介）の養子として成長、三河国今川庄（吉良庄今川郷ヵ。愛知県西尾市今川町）を与えられ今川四郎国氏と称す。弘安六年（一二八三）二月二十三日死去。享年四十。

以上の記述は、国氏の曽孫《ひこ》了俊《りょうしゅん》の著『難《なん》太平記』と、南北朝期編纂の系図集『尊卑分脈』に拠ったものである。以下、南北朝期のことはこの二書に拠るところが多い。

国氏の生きた時代は〝元寇の乱〟の時代であり、国内は騒然としていたようである。ただし国氏の動向は伝わっていない。

国氏には、太郎基氏・次郎経国・三郎俊氏・四郎政氏等、多くの子供があって、『難太平記』に「今川をば基氏計（り）相続なり」とあり、伝説であろうが、「太郎基氏、童名竜王。是は義家（八幡太郎）奥州御退治（後三年の役）の有し時、御随身の竜の目貫《めぬき》（留め釘《くぎ》の釘隠し）の御腰（の）物を長氏相伝相成しが、基氏の御うぶや（産屋）の時、被レ遣《つかわされ》候により、竜王と名付（け）給ふと也」と、『今川記（富麓記）』に記されている。『難太平記』には続けて、「経国、俊氏など云し人々は、みな基氏の御舎弟等也。今、関口、入野《にいの》、木田の人々の祖父と云也」とある。つまり、次郎経国は関口氏の祖。三郎俊氏は入野氏の祖。四郎政氏は木田氏の祖であると。また「関口は母方小笠原にて其方よりゆづ《(譲)》り得たる也。入野芸州（安芸守俊氏）は三浦大多和の人々、母方にて一分ゆづり得（て）入野とは申（す）也」とある。

この記述を手懸かりに、関口・入野・木田三家の名字の地を探すと、関口氏は母方小笠原の譲りとあるから、小笠原氏発祥の地甲斐国巨摩《こま》郡小笠原（山梨県櫛形町小笠原）の東に位置する同郡関口（甲府市大里町関口）。入野氏は三浦大田和というから相模国三浦郡太田和（横須賀市太田和）と思われるが、この地域には入野、あるいは新野の地名は見られない。木田氏は三河国幡豆《はず》郡木田郷（愛知県吉良町木田）と推定される。

ところで『尊卑分脈』では、次郎は経国ではなく常氏で、経国は五郎となっていて、本名常氏と注してある。何らかによる錯誤ではなかろうか。ただし経国も常氏も一次史料には見えない。見えないといえば三郎俊氏も同じである。

四郎政氏は、建武三年（一三三六）四月十三日の足利直義軍勢催促状案（筑後大友文書）に「今川四郎入道の手に属し」とある人であろう。なお『尊卑分脈』には、六郎親氏〔法名義慶〕が見え、建武四年九月二十六日の一色範氏軍勢催促状写（肥前福田文書）に「今川六郎入道に差遣わす所なり」とある。

さて、『難太平記』には、基氏の弟たちに次いで、その姉妹のことを「一色少輔太郎入道（猷道。俗名範氏）の父は山臥（阿闍梨公深。宮内卿律師）にて有りしを、基氏姉聟に取し間、故殿《こどの》（基氏の子範国。了俊の父）には伯父《おじ》にて」。「基氏の御いも《(妹)》うとあまたにおはしまして、みな公家重縁になりしかば、その子共《(供)》を、今川の石川共云。名児耶《なごや》とも云也。是は基氏の御養子（に）成しかば、故殿の為には連枝也」と記してある。

二　基氏の子と弟たちの子

基氏の子供たちは、三郎頼国、僧となった大喜法忻《たいきほうきん》、五郎範国、七郎範満の四人が知られている。

頼国は式部大輔《しきぶのだいふ(夫)》入道とよばれるようになり、建武二年（一三三五）秋、得宗北条高時の遺児時行が挙兵して鎌倉に攻め込み占領した〝中《なか》先代の乱〟の時、その追討軍として下向した足利尊氏軍の大将の一人として、遠江国小夜中山《さよのなかやま》（静岡県掛川市）で、中先代（北条時行）方の大将名越邦時《なごしくにとき》を討取るという手柄を立てたが、鎌倉を間近にした相模川の戦いにおいて壮絶なる討死を遂げてしまったと、『難太平記』は記している。

「四郎に当(り)給ひし」と『難太平記』にある大喜法忻は、鎌倉浄智寺の大平妙準（世代不詳。嘉暦元年＝一三二六示寂）の法嗣《はっす》で（『仏祖宗派図』）、円覚寺塔頭《えんかくじたっちゅう》帰源院開山憐翁是英の語録『金波海』に、「円覚大喜の過訪（訪問）を謝する詩」というのがあり、円覚寺開山塔万年山正続院の正伝法孫である大喜（無学祖元―高峰顕日―大平妙準―大喜法忻）は、駿河清見寺、鎌倉浄妙寺、同じく浄智寺、那須雲巌寺、鎌倉円覚寺の住持を務めたとある。

ちなみに、浄妙寺入寺は観応三年（一三五二）、三十四世として。浄智寺入寺の年は不明。雲巌寺入寺も不明であるが十五世。円覚寺には康安二年（一三六二）、三十世である。

そして貞治三年（一三六四）、今度は建長寺四十世として迎えられ、建長寺復興に尽くし（『絶海録』。『空華集』。『関東諸老遺稿』）、辞した後は、円覚寺住持を退いた時に開いた塔頭続灯庵に住み、近接する開山塔正続院の院主を務め、応安元年（一三六八）九月二十四日示寂した（『空華日用工夫略集』）。享年、法臘不詳。仏満禅師と勅諡《ちょくし》された。

次は範国であるが、範国については項を別に立てるので、先ず範国の弟と思われる範満のことを記す。『難大平記』には、頼国のことに続けて、「刑部少輔《ぎょうぶのしょう》範満は、同時、武蔵国小手さし原にうた《(討)》れ給ひき」と云々。その壮絶な討死の様子を記している。しかし「同時」つまり〝中先代の乱〟の時として、討死の場所を武蔵国小手指原（埼玉県所沢市）とするのは疑問である。この時小手指原では戦いはなく、〝小手指原の戦〟はそれよりも十七年後の観応三年（一三五二）閏二月のことであると思う。了俊の思い違いによる誤記であろうか（小手指原の戦いでの討死は範満の養子満泰〈見世カ〉）。

基氏の弟たちには、次郎経国・三郎俊氏・四郎政氏等があり、『尊卑分脈』には経国の子として三郎顕氏・四郎貞国・僧玄基の三人を、俊氏の子として弾正《だんじょう》少弼《しょうひつ》俊国、政氏の子として又太郎政義・七郎長義兄弟を載せている。

建武三年（一三三六）正月、京都での戦いに敗れて丹波国篠村《しのむら》（京都府亀岡市篠町）に退去した足利尊氏は、そこでの軍議で京都周辺諸国に国大将（侍大将）を置き京都を包囲することにして、摂津国兵庫（兵庫県神戸市）に出たがそこでの戦いでも敗れてしまい、九州に下った。その途中、播磨室津《むろのつ》（兵庫県御津町）での軍議では、山陽と四国にも国大将を留めることになり、備後国（広島県東部）に今川三郎顕氏・四郎貞国兄弟が派遣された（備後浄土寺文書。『梅松論』）。

九州で勢力を盛り返した尊氏は、一色範氏（今川基氏の甥）を鎮西探題として、九州に留め、四月東上を開始するが、この時、一色範氏に付属させられた武将の一人に今川蔵人大夫《くろうどのだいぶ》助時が居る（深堀系図証文記録。豊後詫間文書）。助時は『尊卑分脈』では顕氏・貞国兄弟の弟僧玄基の子となっている。しかし世代が合わないように思える。玄基は顕氏より年上であったのだろうか。

なお、弾正少弼俊国、又太郎政義・七郎長義は一次史料には見えない。

三　範国（五郎入道心省）

範国は『難太平記』に、「先代（執権北条高時）の時、一天下出家しける時（正中三年＝一三二六、三月）、廾三にて出家し給ひけるにや。いかなりし事ぞや。基氏御在世の時より故入道殿（範国のこと）をば、兄弟の中には一跡相続すべしと仰せられけり、故香雲院殿（範国の母）の語（り）給ひし也。童名松丸。五郎範国と申（し）き」とある。入道名は心省《しんせい》。

この記述により逆算すると、範国の生まれたのは鎌倉後期の嘉元二年（一三〇四）となる。しかし『常楽記』の至徳元年（一三八三）の項には、「五月十九日。今河五郎入道〈九十歳。遠江守護。建武二醍醐焼払大将也〉」とあり、逆算すると永仁三年（一二九五）の生まれとなり、九年の開きが生じる。

ではどちらが妥当かというと、嫡子範氏の生まれたのが正和五年（一三一六）といわれるので（『宗長日記』）、前者では範氏は範国の十一歳の時の子となってしまい不自然であるので、よって出家の年「廾三」は「卅二」

の記憶違い、あるいは書き違い（後世の誤写も含め）と見て、永仁三年生まれを採りたい。

ところで範国のことについては既に、川添昭二氏の「遠江・駿河守護今川範国事蹟稿」（『荘園制と武家社会』〈吉川弘文館一九六九年刊〉所収）という詳細な研究があるので、ここではそれらに拠ってその概略を述べる。

元弘三年（一三三三）、「足利殿御兄弟（高氏＝尊氏・直義）、吉良・上杉・仁木・細川・今川・荒川以下の御一族三十二人。高家の一類四十三人。都合その勢三千余騎。三月七日、鎌倉を立って」（『太平記』第九巻1）、後醍醐天皇方を討伐するため上洛の途についた。ここに今川とあるのは範国・範氏父子である。四月京都に着いた高氏は、北条高時を見限り、流されていた隠岐国を脱出した後醍醐天皇に使者を立て、朝敵追討の綸旨を得て、丹波国篠村《しのむら》（京都府亀岡市篠町）から引き返して六波羅探題を追放した。この頃東国でも反幕勢力が鎌倉に討入り北条高時以下を滅亡させた。建武政権の成立である。

範国は新政権から遠江守護に補任され、それは、建武三年（一三三六）十一月に樹立された室町幕府にも引継がれた（佐藤進一『室町幕府守護制度の研究　上』〈東京大学出版会一九六七年刊〉）。翌建武四年正月、鎌倉で年を越した南朝軍鎮守府将軍北畠顕家が再び西上を始め、それを追う幕府軍が「遠江に着けば、その国の守護今川五郎入道、二千騎にて馳加はる」（『太平記』第十九巻8）と。そして美濃国青野原《あおのがはら》（岐阜県大垣市青野町から不破郡垂井町一帯、後の関ヶ原）において両軍は合戦を繰広げ、幕府軍が敗北するが、勝利した顕家がそのまま進軍せず、行路を伊勢にとり吉野へ向かったため幕府は壊滅の危機を免れた（顕家はその後〈同年五月〉和泉国堺の浦〈大阪府堺市〉の戦いで討死してしまう）。

この戦いの後、範国は遠江守護から駿河守護に替わる。そのことを『難太平記』は、「駿河国并（に）数十ケ所の所領は此（の）後詰の時の恩賞也。国々入部し給ひし時、我等《われら》少年の初（了俊時に十三歳）にて供して、富士浅間宮に神拝(の)時、神女(に)詫(託)して云、遠江国ちかくして吾氏子にほし(欲)かりかば、赤坂の軍《いくさ》（青野原の戦）の時、我(れ)告し事はしれ(知)りやしれりや、と云(え)り。入道殿座を退(き)て、何事にか候《そうらい》けむ、不二覚悟一《かくごせず》、と申(し)給(い)しかば、笠(印)じるしの事を案(じ)し時、我赤鳥（垢取《あかとり》）をたび(賜)し故に勝事《かつこと》をも得、此国《このくに》を給ひき。と詫(託)宣せしかば、故殿其(の)時思合(せ)て、女の具は軍《いくさ》にはいま(忌)ふ事ぞかし、いかで思ひよせむ、誠に神の御謀《はからい》と。信を収(め)給(い)しより以来《このかた》、我等も子孫もかならず此赤鳥を可レ用《もちうべし》と被レ仰《おおせられ》き」と記している。

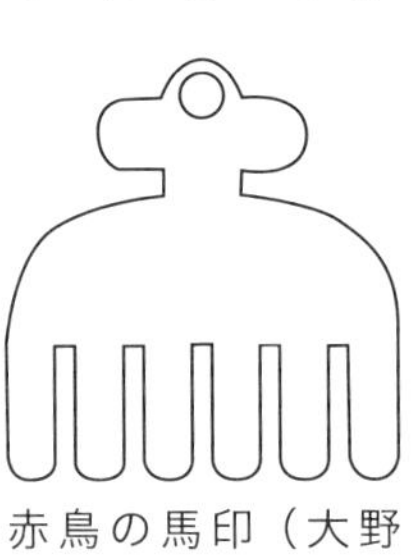
赤鳥の馬印（大野信長氏作成図より）

ここに富士浅間宮とあるのは駿河国府中に鎮座する浅間新宮（駿河国総社と相殿《あいどの》。今の静岡浅間神社）であり、この時、範国が奉納したという願文《がんもん》写しに、「沙弥心着謹言《つつしみもうす》。駿州(の)国務成敗の間、諸事の理非わきまへながら、遵行《じゅんぎょう》のさた(沙汰)をいた(致)さす」と云々、「建武五年五月十七日心省敬白《けいびゃく》」とある（『今川記〈富麓記〉』。『駿河志料』巻之四十）。

さて、駿河国における所領であるが、範国は〝青野原の戦〟の前年の建武四年九月二十六日、足利尊氏より勲功の賞として宛行《あてが》うとして、駿河国羽梨庄（葉梨庄。藤枝市）および遠江国内の二ケ所（河合郷・八河郷）を与えられていて（今川家古文章写）、その十年ほど後、貞和四年（一三四八）十二月十日の範国宛足利直義御教書《みぎょうしょ》写（同上）に、「駿河国中根郷・八楠郷・中田郷・安西郷・手越宿名・高柳太郎丸名・岩武名・富久名・楽万名・下島郷の事、先年預け置くところなり」とある。

貞和五年（一三四九）閏六月、将軍尊氏の執事高師直と尊氏の弟直義が不和になり、八月双方の軍勢が洛中に集まり騒然となったが、その師直派の中に「今川五郎入道、同じき駿河守（範国の甥頼貞）」が見える（『太平記』第二七巻11）。この騒乱は翌観応《かんのう》元年から二年にかけて頂点に達するいわゆる〝観応《かんのう》の擾乱《じょうらん》〟である。観応元年（一三五〇）十二月直義派が優勢になる。『観応二年日次記』観応二年正月十三日条に、「去夜上椙(杉)弾正少弼（朝定）・同幸松（朝房）・今河五郎入道、錦禅（錦小路禅門＝直義）方に参ずる」。とあるようにこの時、範国が直義の許に奔っている。

二月、師直が直義派の上杉能憲等によって殺され、内紛は収束したかと思われたが、七月今度は尊氏の嫡子義詮が直義と不和になり、八月直義は北陸に逃れ、これを追って尊氏は近江に出陣した。その近江の浅井郡醍醐寺（滋賀県浅井町）で尊氏等は京都の松尾神社に奉納する法楽和歌を詠んだが、その中に「沙弥心省」、範国の名があり（山城東文書）、範国が尊氏の許に戻ったことがわかる。

十月、尊氏は直義と逢い和を計るが不調に終わり、十一月直義が鎌倉に向かったので尊氏は直義追討のため東海道を下った。『太平記』に「十一月晦日《つごもり》、駿河国薩埵山に打ち上がりて、東北に陣を張り給ふ。相順《あいしたが》ふ勢には、仁木左京大夫頼章・舎弟右馬権守(頭)義長・畠山阿波守国清兄弟四人・今川入道心省・子息伊予守・千葉介・武田陸奥守・長井・同じき治部少輔・二階堂信濃入道・同じき山城判官、その勢わづかに三千騎には過ぎざりけり」（第三十巻9）と、範国・貞世父子が見える。

そして宇都宮氏綱の後詰もあり直義軍を駆逐しつつ年明け正月鎌倉に入った尊氏は、降参した直義を二月毒殺した。すると閏二月、上野国で新田一族が宗良《むねよし》親王を奉じて挙兵し南下を始めた。これを討ったため尊氏は出陣するが、その中に「今川五郎入道、同じき式部大夫」（『太平記』第三十一巻1）の名がある。式部大夫は範国の甥頼兼（頼国の子）である。

この年（観応三年、九月改元文和元年＝一三五二）の八月、範国は再び遠江守護に補任され、駿河守護とを兼任することになる（駿河守護は一年後、範氏と交替）。この範国の遠江守護在任は死去するまで継続したと思われるが、その間の貞治五年（一三六六）から永和四年（一三七八）までは微証が得られない。

また、貞治元年（一三七二）より同六年までの五年間、所領問題を扱う幕府の訴訟機関引付方の頭人を務めている（『古簡雑纂』五之六。『師守記』貞治六年六月九日条）。

死去したのは『常楽記』に至徳元年（一三八四）五月十九日。九十歳とあるのを妥当としたい。諡《おくりな》は定光寺殿悟庵心省大禅定門。遠江国府見付（磐田市見付）に在った臨済宗定光寺が菩提寺と伝えられる。

今川範国守護在任表

元弘三年（一三三三）～建武三年（一三三六）	遠江
建武三年（一三三六）～暦応元年（一三三八）正月	遠江
暦応元年（一三三八）正月～文和元年（一三五二）八月	駿河
文和元年（一三五二）八月～文和二年（一三五三）八月	遠江・駿河兼帯
同　二年（一三五三）八月～至徳元年（一三八四）五月	遠江

この時代の今川一族で、系図的位置付けのできない人物が居る。一人は建武二年（一三三五）〝中先代の乱〟で鎌倉に下り、乱が終わっても鎌倉に留まり、後醍醐天皇の上洛要請にも応じない足利尊氏を追討するため新田義貞が東下する。そして三河国矢矧（愛知県岡崎市）で、これを阻止しようと西上して来た尊氏の弟直義と合戦になるが、その足利軍の中に見える「今川修理亮」（『太平記』第十

四巻6)。

もう一人は、同四年十月十一日の吉良満義書下（『大日本史料』六―二「今川文書」）の宛所「今川九郎」である。この人はこれまで貞世（了俊）の弟氏兼とするものが多いが、時に貞世は十一歳の少年であり、その弟が元服しているはずはない。別人であろう。

四　頼国の子頼貞と弟たち

頼貞（三郎ヵ）は、『難太平記』に「駿河守〈于レ時《ときに》掃部《かもん》〉頼貞」とあり、これは建武二年（一三三五）父頼国討死の記事の処にある。

同三年正月、京都での戦いで敗れた足利尊氏は、退去した丹波国篠村《しのむら》（京都府亀岡市篠町）での軍機で、京都包囲の侍大将を周辺諸国に置くことにしたが、その時頼貞は丹後と但馬の国大将を命ぜられている（漆原徹『中世軍忠状とその世界』第三部室津軍議と守護制度）。

その後西走して九州に渡った尊氏は、在京する菊池武重の留守を守っていた弟武敏の軍勢を打破するなどして体勢を立直し、四月東上を開始、五月摂津国湊川（兵庫県神戸市）での戦いで楠木正成、新田義貞を撃破、六月の初め入京した。これに呼応して「まづ丹波より仁木兵部大輔頼章・今川駿河守、丹後・但馬両国の軍勢を相随（え）て、各《おのおの》、錦の御旗《みはた》を先立て、数千騎洛中へ打入（る）」と『梅松論』にある。なお、『梅松論』天理図書館本には今川駿河守に「于レ時掃部」と注が付されているという。ちなみに駿河守の初見一次史料は二年後、建武五年四月三日の今川頼貞挙状案（播磨広峯文書）で「駿河守頼貞」と差出者名にある。

建武三年（一三三六）十月、新田義貞は恒良・尊良両親王を伴い越前国に下り、敦賀津《つるがつ》（福井県敦賀市）の金崎城《かねがざき》に立籠り、これを足利軍が攻めた。「当国の守護〔斯波〕尾張守高経は、北陸道の勢五千余騎を率《そつ》して、蕪木より向かはる。仁木伊賀守頼章は、丹波・美作の勢千余騎を率《そつ》して、塩津より向かはる。今川駿河守は、但馬・若狭の勢七百余騎を率して、小浜より向かはる」（『太平記』第十七巻24）と云々。

この城は北西に向かって突き出した岬に構えられていて、小笠原貞宗勢が浜際から攻めたが撃退された。「今川駿河守、この日の合戦を見て推量するに、これが有様、攻められるべき処なればこそ、城よりここを先途と打ち出でては戦ふらん。陸地《くがち》より寄すればこそ、足立ち悪くてたやすく敵には払はれつれ。船より押し寄せて、一功め攻めて見よとて、小船百余艘に取り乗って、昨日小笠原が攻めたりし浜涯《はまぎわ》よりぞ上がったりける」（同上第十七巻26）と。しかし小笠原勢と同じように今川勢も撃退されてしまった。

年明けの正月十一日、新田一族の里見伊賀守が金崎城の後詰めとして出て来たが、「敦賀津より二十余町東に当って究竟の用害ありける所へ、今川駿河守を大将として二万余人差し向けて」（同上第十八巻6）、これに高師泰勢も加わり、里見および瓜生兄弟を討取った。

後詰めを失い兵糧につまった金崎城は三月六日幕府軍（去年十一月室町幕府成立。十二月後醍醐天皇吉野へ移る）の総攻撃をうけて落城、城中の兵八百余名が討死あるいは自害した。「夜明ければ、蕪木の浦より、東宮（恒良親王）御座の由を告げたりける間、今川駿河守、御迎ひに参りて取り奉る」（同上第十八巻10）と（新田義貞・義助兄弟は一ヶ月ほど前に城を抜け出してしまい、尊良親王は自害）。

八月二十六日、頼貞は勲功の賞として、越後国金津保・同国小河庄下条・和泉国木島庄上下・若狭国佐吉庄・越中国大家庄、それぞれの地頭職を与えられた（今川家古文章写）。そして暦応二年（一三三九）には丹後守護として見える（佐藤進一『室町幕府守護制度の研究下』）。

観応二年（一三五一）正月は将軍尊氏・執事高師直と尊氏の弟直義の対立が頂点に達し直義派が優勢になった時期であるが、この月二十日「今川駿河前司頼貞」は足利尊氏下文（今川家古文章写）で、越前国宇坂庄・但馬国太田庄・因幡国毛利次郎跡等の地頭職を与えられている。なおこの頃頼貞は、但馬や因幡の守護でもあった（佐藤進一氏前掲書）。

文和二年（一三五三）六月楠木正儀《まさのり》等の南朝軍が京都に突入した。この時、鎌倉に下っていた尊氏に代わって在京していた義詮は、後光厳《ごこうごん》天皇を奉じて近江、さらに美濃まで落ちたが、これに「今川駿河守頼貞、同じき兵部大輔助時、同じき左衛門入道」も従っている（『太平記』第三十二巻5）。南朝軍は京都を制圧したものの間もなく兵糧に窮して京都を出て、替わって関東から足利尊氏が入京した。

頼貞に関する最終史料は、延文三年（一三五八）十二月十八日の足利義詮征夷大将軍宣下式を記録した「宝篋院殿将軍宣下記」（『群書類従』武家部）で随兵の中に「今川刑部上野介頼貞」とある。

頼貞の弟として、『難太平記』は、参河守〈号式部大輔〉頼兼、七郎見世《あきよカ》、宮内少輔の三人をあげている。

観応三年（一三五二）閏二月、新田一族が上野国で挙兵し南下を始めたので、当時鎌倉に居た足利尊氏は武蔵へ出陣するが、その中に「今川五郎入道、同じき式部大夫」が加わっている。（『太平記』第三十一巻1）。式部大夫とあるのが頼兼である。

見世は叔父七郎範満（範国弟）の養子となったが早世したという（『難太平記』）。『土佐国蠧簡《とかん》集残篇』所収「今川家系図」には、範国の弟七郎範満（刑部少輔）の子として七郎満泰を載せ「武蔵こてさし原にて討死。

早世」とある。満泰は見世の改名であろうか。

『尊道親王行状』応永七年（一四〇〇）七月四日の頃に、「又、遠江御敵宮内少輔入道・星野没落、今川伊与入道降参（すと）云々」とあるのは、〝応永の乱〟の時に大内義弘に通じていたと大御所（前将軍）、義満に疑われた了俊が関東へ落ちた時のことであるが、ここに見える宮内少輔は年代から頼貞の弟のことではないだろうか。

五　範国の子範氏

『尊卑分脈』には、範国の子として範氏・貞世・氏兼・仲秋の四人が載っている。

範氏（五郎カ）は正和五年（一三一六）の生まれという（『宗長日記』）。範氏が十八歳の元弘三年（一三三三）春、後醍醐天皇方を討伐するため上洛する足利高氏軍に、父範国に連れられ従軍した。京都を過ぎ丹波国篠村《しのむら》（京都府亀岡市篠町）に至った高氏は、ここで幕府に叛し後醍醐天皇側に立つのであるが、『難太平記』に、「丹波篠村八幡宮の御前にて御旗揚（げ）給ひしに、御願書を引田妙源書しとはみえたり。同時に両御所（高氏・直義兄弟）の御上矢を一宛《ひとつずつ》神前に被レ進《しんぜられ》しに、役人二人有りけり、一人は一色右馬介、一人は今川中務大輔《なかつかさのたいふ》也。此（の）事は子細有（る）事にて無二口伝一《くでんなし》。（中略）此（の）中務大輔とは我等が兄の範氏の事也」とある（一色右馬介（助）は頼行。ちなみに了俊はこの年八歳）。

建武二年（一三三五）十二月、足利尊氏は新田義貞を追って上洛するが、この時尊氏の嫡子義詮が鎌倉に置かれた（後の鎌倉公方）。貞和五年（一三四九）と推定される閏六月五日、「今川上総介」範氏は義詮から、「今度合戦に人にすぐれて忠をいたされ候よし承（り）候、誠（に）感（じ）覚（え）候」云々という自筆の感状を貰っている（今川家古文章写）。この年の十月。義詮は弟の基氏と入替わり帰京したので、範氏もそれに随ったと思われる。

この時期、いわゆる〝観応の擾乱〟が激しさを増してゆく、範氏は在京する駿河守護、父の範国に代り駿河守護所に下り直義派の跳梁に対処、観応元年（一三五〇）十二月と、翌二年の九月から十二月にかけて駿河府中などで直義派と戦いこれを撃退した（駿河伊達文書）。

そして観応二年十一月二十三日、薩埵山と由比山の間の由比越《ゆいごえ》（静岡市清水区）に陣取り、鎌倉に走った弟直義を討伐するため東下する将軍尊氏を待ちうけ合流した。その軍勢の中には父の範国、弟の貞世も加わっていて、到着した尊氏軍は直ちに由比山に移動し陣を構えた（駿河伊達文書。『太平記』第三十巻9）。

これに対し直義方は由比・蒲原と内房二方向から由比山を攻めようとしたが、背後に尊氏方の宇都宮氏綱勢が迫った。しかし敢えて直義方の「児玉党三千余騎、極めて嶮《さが》しき桜野より、薩埵山（正しくは由比山）へぞ寄せたりける。この坂をば、今川上総守（介）、南部の一族羽切遠江守、三百余騎にて堅めたりけるが、坂中に一段高き所のありけるを切り払って、石弓を多く張ったりける間、一度にぱっと切って落とすと大石どもに、前陣の寄手数百人、楯板ながら打ち拉《ひし》がれて、矢庭に死する者数を知らず」と云々（同上第三十巻10）

年明け正月鎌倉に入り直義を降伏させた尊氏より、二月二十五日範氏は遠江守護に補任された（今川家古文章写）。閏二月上野国で新田一族が挙兵し南下を始めたので、尊氏は武蔵国小手指原（東京都所沢市）で戦うが敗れ石浜（東京都大東区）に退却した。閏二月二四日この日はその退却していた日であるが、この日範氏は尊氏より遠江・駿河の凶徒退治を命ぜられ、改めて伊達景宗を差下されている（駿河伊達文書）。なお尊氏軍はこの後新田勢を撃退して三月鎌倉に復帰した。

この年（観応三年、九月改元文和元年＝一三五二）九月、範氏は駿河国大津庄（島田市）の大津城に立籠った直義派残党石塔義房の家人佐竹兵庫入道等を追落し、翌年二月、大津城を逃れた佐竹等が入った同国徳山郷の無双連山《むそれやま》（島田市川根町と川根本町との境界線上）に構えられた鴇《とき》彦太郎の城（徳山城）に向い、これを再び追落し（同上）、これ以降駿河・遠江における戦乱は見られなくなる。

文和二年八月十一日、範氏は父に替って駿河守護に補任され、国務も付される（今川家古文章写）。そして延文元年（一三五六）府中の浅間新宮（総社と相殿《あいどの》）の造営をしている（駿河伊達文書。浅間新宮神主所蔵文書）。

延文四年（一三五九）十一月、南朝の後村上天皇が皇居を河内国金剛寺から同国観心寺に移したので、十二月二十三日将軍義詮はこれを攻撃するため発向するが、その軍勢の中に「今川上総介・子息右馬助、同じき伊予守が見え（『太平記』第三十四巻5）、翌五年閏四月、幕府軍は河内国平石城（大阪府河南町）を攻め「今川上総介・佐々木六角判官入道崇永、同じき舎弟山内判官」がこれを落としている（同上15）。五月幕府軍は摂津国天王寺（大阪府大阪市天王寺区）へ向かうが、その中に「今川上総介」（同上第三十五巻3）。

康安元年（一三六一）九月、細川清氏が反逆挙兵との知らせに将軍義詮は洛中今熊野《いまくまの》（京都市東山区）に陣取ったが、そこへ「今川上総介・舎弟伊予守・宇津宮三河入道以下《いげ》、われもわれもと馳せ参る」（同上第三十六巻11）と。結局細川清氏は若狭国へ没落した。

貞治四年（一三六五）四月晦日、範氏は五十年の生涯を終える。諡は慶寿寺殿雲峰信慶大禅定門。菩提寺は

駿河国志太郡大草村（島田市大草）の律宗慶寿寺（『今川家略記』）。

六　範氏の弟貞世（了俊）

貞世（六郎）こと了俊のことは既に川添昭二著『今川了俊』（吉川弘文館〈人物叢書〉）があるので、ここではこの高著を参照しつつ軍事関係のことを中心に、経歴の概略を述べる（以下出家前のことも了俊の名を使う）。

了俊の生まれは嘉暦元年（一三二六。川添昭二氏の考証）。範国三十一歳の時の子となる。了俊の晩年の回想録ともいえる『難太平記』に、「我等少年の初にて供して、富士浅間宮に神拝」とあるのは、駿河守護として入部し駿河府中の浅間新宮（今の静岡浅間神社）に参拝した父範国に随った時のことである。この時範国が奉納した願文の写の日付は建武五年（一三三八）五月十七日となっている（『駿河志料』）。時に了俊十三歳であった。

了俊の一次史料での初見は、中原師守の日記『師守記』康永三年（一三四四）五月十七日条で、「今河六郎貞世」とあり、洛中今熊野（京都市東山区）の新熊野《いま》社に参詣する足利直義の随行者の一人として見える。次いで洞院公賢の日記『園太暦《えんたいりゃく》』同年七月三十日条に「源貞世」が左京亮《さきょうのすけ》に叙されたとある。

正平六年（観応二年＝一三五一）直義討伐のため東下する尊氏軍が駿河国薩埵山に着いた時のことを書いた『太平記』の中の記事に「今川五郎入道・子息伊予守」が見えることは（第三十巻9）、範国の項で述べた通りである。

文和四年（一三五五）正月、南朝方として九州から攻上ってきた足利直冬（故直義の養子、実父は尊氏）が京都を占拠し東寺を本陣とした（尊氏は前年暮に後光厳天皇を奉じて近江国に退去）。二月細川清氏が京に攻入り、三月京を追出された直冬が中国地方に去った。『難太平記』に了俊はこの時細川勢に加わり東寺で戦ったとあるが、『太平記』には了俊の名は出ていない。

延文四年（一三五九）十二月の新将軍義詮の南朝攻め、翌五年六月の幕府軍の摂津国天王寺出陣、康安元年（一三六一）九月の将軍義詮の洛中今熊野出陣の『太平記』の記事に了俊の名があるが、兄範氏の項に出したのでここでは取り上げない。

康安元年（一千三百六十一）十二月、逃亡した細川清氏が加わった南朝軍が京都へ攻寄せるというので、将軍義詮は東寺を本陣として、「今川伊予守には、三河・遠江の勢を付けて七百余騎、山崎へ差向ける」など、各所に軍勢を配置し南朝軍を入京を防ごうとした（『太平記』第三十巻15）。しかし幕府軍の士気は揚がらず、「さては、山崎にてぞ一軍《ひといくさ》あらんずらと、思いつくろふ処に、今川伊予守も叶《かな》はじとや思ひけん、一戦《ひといくさ》も戦はで、鳥羽の秋の山へ引き退く」という有様で、将軍義詮以下幕府軍は、後光厳天皇を奉じて近江国武佐寺《むさでら》（滋賀県近江八幡市）へ退陣した（同上第三十巻16）。

そして、「さらば、やがて都へ攻上れとて、（中略）〔越前修理大夫入道〕道朝（斯波高経）の子息左衛門佐（氏頼）三千余騎、近江の武佐寺へ馳参る。（中略）この外、佐々木六角入道崇永（氏頼）・今川伊予守・宇都宮三河入道（道眼、貞宗）が勢、都合一万二千余騎、十二月二十四日、武佐寺を立って」、京都に突入し南朝軍を退却せしめた（同上第三十巻17）。

貞治元年（一三六二）六月、山陰・山陽で南朝勢が蜂起、幕府は丹波守護仁木義尹《よしただ》への加勢として、「若狭の守護尾張左衛門佐入道心勝（石橋和義）、遠江の守護今川伊予守、三河の守護大島遠江守（兵庫頭義高）三人に、三ヶ国の勢を相添へて三千余騎、京都より差し下さる」と（同上第三十八巻3）。

さて、了俊が伊予守として一次史料に見える初見は、『吉田家日次記《ひなみ》』貞治五年（一三六六）八月の条には、この日武藤楽阿《らくあ》（吉田神社領能登国富木院の代官）邸での歌会出席者の中に、冷泉為秀等と共に「今川伊予守貞世、同中務大輔氏家」の名がある（翌貞治六年三月二十三日の『新玉津島社歌合』では「前伊与《予》守正五位下源朝貞世」）。

この年の冬、了俊は洛中の警察を担当する侍所《さむらいどころ》の頭人（長官、山城守護を兼ねる）に就任した。『吉田家日次記』貞治五年十二月三十日条に、「今日、侍所今川伊予守貞世亭へ向う」とある。翌年貞治六年三月二十九日、内裏清涼殿《ないだいりせいりょうでん》（中殿《なかどの》とも、天皇の住居で儀式場でもある。時の天皇は後光厳）に於いて御会《ごかい》（和歌と管弦の御遊の会）が開かれた。『貞治六年中殿会記』に「今川伊予守貞世、侍所にてけふ警固を承る」。『太平記』には「今川伊予守貞世は、侍所にて、爽かに冑《よろ》うたる随兵《ずいひょう》を百騎ばかり召し具して、轅門（外門）の警固に相随ふ」（第四十巻2）と記されている。

そして、『師守記』貞治六年六月九日条の記事の頭書に、「今日武家評定始めと云々。（中略）今川入道（範国）下向の跡、引付頭人を今川伊予守に仰せらると云々。件《くだんの》予州今川入道子息、当時侍所也」とあるように、父と替わって引付頭人となり、応安元年（一三六八）四月まで、侍所頭人と引付頭人を兼任、侍所頭人は弟の国泰（後の仲秋）に引き渡され、引付頭人のみ同三年まで務めた。

貞治六年十二月、将軍義詮が三十八歳で死去してしまった。了俊はこの時四十二歳。この義詮卒去を機として出家「了俊」と号した。貞治七年（一三六八）正月十五日の勘解由小路仲光仏舎利奏請状（東寺文書々七之十二）に「一粒　了俊」とあるのが、了俊の名の初見であるという。同年四月の足利義満の元服式には法体であるので弟の国泰が代って出仕し、了俊は元服祝として馬一疋と太刀一腰を献じている（『鹿苑院殿御元服記』）。

応安三年（一三七〇）七月、了俊は九州探題を命ぜられた。九州探題の任務は九州の南朝勢力を制圧して九州を幕府の勢力下に置くことである。翌四年二月、了俊は弟国泰（頼泰さらに仲秋と改む）子の義範（貞臣と改む）・貞継、甥（弟氏兼の子）直忠、それに一族の満範（新野俊国の子ヵ）等を伴い、翌四年二月赴任の途につき、十二月九州に渡った。

了俊の九州探題在任は二十五年の長期に及び、その間、備後・安芸をはじめ九州各国の守護を兼務、安芸・筑前・筑後・肥前・肥後などは二十年前後在任した。

ところが、応永二年（一三九五）閏七月、突如召還命令を受けた。探題としての目的がほぼ達成されようとする矢先の時であった。これは幕府中枢の人事変化によるものであるが、将軍義満が了俊の権力拡大を懸念したことにもよる。了俊は一族家人を肥前国小城（佐賀県小城町）に呼寄せ八月上京した。

上京した了俊に与えられたのは遠江と駿河の半国守護のみであった。応永六年十月、大内義弘の反乱〝応永の乱〟が起き、和泉国堺城（大阪市堺市）に立籠った義弘を攻めるため将軍義満は十一月東寺へ出陣し、次いで八幡《やわた》（京都府八幡市）に陣を移した。これを聞いた了俊は直ちに遠江国に下り、さらに関東へ行き相模国藤沢（神奈川県藤沢市）に蟄居した。それはかつて了俊は義弘と通じていると讒言するものがあり、義満が了俊を疑っていると聞いていたからであると『難太平記』に記している。

応永七年正月十一日、義満が伊豆・上野守護守護上杉憲定に出した自筆御内書御内書（上杉家文書）に、「抑《そも》そも今川伊与(予)入道、関東へ没落のよしきこへ候。不思議の荒説の者に候。かやうにて候者《そうらわば》、天下のため不レ可レ《しかるべからず》然候。何とも御方便候て、討ち候はゝ悦に入り候」云々とある。これを承けて憲定は了俊を説得したらしく、七月頃了俊は遠江に帰国し、上洛することを条件に許され、十月上洛した。時に了俊は七十五歳、老人であった（小川剛生『足利義満』〈中公新書〉第七章）。

元々歌人でもあった了俊は、この後は詠歌と著述活動で余生を過ごし、応永二十四年（一四一七）、九十二歳で死去したと推定される（『なぐさめ草』。『時衆過去帳』）。忌日は八月二十八日。謚は海蔵寺殿徳翁了俊大居士。遠江国山名郡堀越村（静岡県袋井市）の曹洞宗海蔵寺が菩提寺とされる。

ところでここに一つ問題の史料がある。延文四年（一三五九）八月十五日の足利義詮御判御教書（紀伊野田文書）と、その五年後の貞治三年（一三六四）四月八日の日付のある遠江府中蓮光寺に奉納された梵鐘（沼津市霊山寺所蔵）の銘である。前者には「今河伊与《（ママ）》守直氏」。後者には「前伊予守源朝臣直氏」。この直氏が了俊であるとすると、了俊は貞世を直氏と改名したが、『吉田家日次記』貞治五年八月十一日条に「今川伊予守貞世」が見えるので、再び貞世に戻したここになる。

七　了俊の弟氏兼

氏兼（九郎ヵ）、この人はよくわからない人である。観応二年（一三五一）八月、弟直義追討のため近江国に発向した足利尊氏は、在陣した浅井郡の醍醐寺（滋賀県浅井町）で、霊夢を見たとして九月十一日法楽和歌を詠み、その御歌一巻（山城東文書）を十月十八日に京都の松尾神社に奉納した。この一巻には氏兼の父「沙弥心省（範国）」の歌も見え、奉納添状の差出人は「氏兼（花押）」となっている。

次に氏兼が現れるのは貞治二年（一三六三）四月十日、京都六波羅蜜寺に出した奉加状（六波羅蜜寺文書）

で、「奉加馬一疋、貞治二年卯月十日、弾正少弼氏兼（花押）」とあり、また、水戸彰考館所蔵「一万首作者」（井上宗雄『中世歌壇史の研究　南北朝期』）は、貞治三、四年頃の歌人名一覧と推定されているが、その中に「今川入道沙弥心省、今川上総介源範氏朝臣、今川越後守源氏兼」「今川中務大輔源氏家」「今川宮内少輔源泰範」とある。

同三年十月九日の越後守奉書（関西学院大学所蔵文書）が見られ、内容は遠江国細谷郷（静岡県掛川市）の未進領家年貢を東寺雑掌に沙汰するようにとの命令を大浦左衛門入道に伝えているが、差出者「越後守（花押）」は氏兼である（花押による）。この時期範国が引付頭人であるので、これは父の代理としての発給文書であろうか。

貞治六年（一三六七）十二月、将軍義詮が三十八歳の若さで死去してしまう。これを悼み出家した武将の中に兄了俊が居るが、氏兼もこれに倣ったと思われる。ただし出家後の初見文書は九年後、永和四年（一三七八）六月十九日の書下で「沙弥（花押）」とある（吉田文書。花押による）。法名は真源（『尊卑分脈』）。なお、この書下は遠江国都田御厨（浜松市北区）を洞院大納言家雑掌に打渡すというもので、一見守護発給文書のようである。この時期遠江守護であったとされる父範国の守護としての徴証が欠けていて、三ヶ月程前の三月十日、兄了俊も遠江国蒲御厨《かばのみくりや》（浜松市東区）の神明宮造営を命ずる書下を出しているので、どちらも範国に代っての行為とも思われるがよくわからない。

康応元年（一三八九）三月、将軍足利義満が安芸国厳島神社に参詣し、安芸守護であった九州探題今川了俊はこれに随行し、『鹿苑院殿厳島詣記』を著した。その中に「探題〈伊予入道〉・今川越後入道・同右衛門佐・中務大輔」「今川修理亮」、五人の今川一族随行者の名が記されている（右衛門佐は仲秋、中務大輔は貞秋、修理亮は関口氏)。そして参詣を済ませた義満は周防国府(山口県防府市)まで足をのばす。そこで「今河《(川)》越後入道は是よりまかり《(罷)》申して、かちぢ《(徒路)》よりつくし《(筑紫)》に下りしかば、御はかし《(佩カ)》など給《たまわ》りて、かたじけ《(忝)》なきおほせ《(仰)》どもうけたま《(承)》わりしかば、うれし《(嬉)》なき《(泣)》の涙、袖もしほゝに見えしなり」と。これを最後に氏兼の消息は絶えてしまう。

ところで、氏兼の子孫は蒲原を名字としていて、駿河国蒲原庄(静岡県清水区蒲原)を名字の地とするものがあるが、そこにはその徴証はない。それよりも氏兼の従兄弟《いとこ》である頼貞(範国の兄頼国の子)の所領が越後国蒲原郡に在り、頼貞には子は居なかったので、それが氏兼に伝えられたのではなかろうか(今川家古文章写)。

八　氏兼の弟仲秋

仲秋(孫五郎ヵ)は、初め国泰、次に頼泰、さらに仲秋と改名しているが、ここでは通して仲秋と記す。初見は『花営三代記』応安元年(一三六八)四月十日条で、「侍所沙汰始、頭人今川中書《ちゅうしょ》(中務《なかつかさ》)」とあり、兄了俊に次いで侍所頭人になったことが知れる。この月、故義詮の嫡子十一歳の春王が元服して義満となったが、その記録『鹿苑院殿元服記』(『大日本史料』六―二四)に「今川中務少《しょう》輔〈舎兄法体に依り、これを仰せ付けられず〉」と。つまり元服式に出家した了俊に代わって出席したというのである。同年八月三日、山城国東西九条を東寺雑掌頼憲に沙汰した請文を奉行所に伝える奉書に「中務少輔国泰(花押)」と署している(東寺百合文書ヒ)。

応安四年(一三七一)二月、九州探題として赴任する兄了俊に従軍して京都を発った仲秋は、途中から先行して長門国赤間関《あかまがせき》（山口県下関市）に至り船団を整え、十一月十八日肥前国松浦《まつら》の呼子津《よぶこのつ》（佐賀県呼子町）に渡った。この頃であろうか仲秋は大内弘世の孫娘を娶ったようである。『難太平記』に「大内義弘入道（弘世の嫡子）、（中略）中高入道（仲秋）縁者の事、世知（る）所也」とある。また名も国泰から頼泰と改め、右衛門佐に叙された。応安五年正月十六日、筑前国千如寺衆徒に凶徒対治の祈祷を命じた書下（筑前大悲王院文書）に「右衛門佐（花押）」とあり、同年四月二日の書状（備後浄土寺文書）に「頼泰（花押）」と署している。松浦《まつら》から出陣した仲秋軍は、敵を駆逐しながら応安五年二月、肥前に出てきた菊池武政（九州南朝軍の首将菊池武光の嫡子）を破り、筑前国に入り高宮（福岡市南区）に駐屯していた了俊勢と合流、八月、懐良親王を奉じる菊池武光の盤踞する太宰府の征西府を攻めて、懐良・武光等を筑後国高良山（福岡県久留米市）に退去せしめた。

この後、仲秋は、肥前国における探題業務を分担し、名を頼泰から仲秋に改めている。康応元年（一三八九）三月、将軍義満の厳島参詣があり、了俊の『鹿苑院殿厳島詣記』に、随行者として仲秋の名（右衛門佐とある）も見えるが、仲秋の九州滞在もこの頃までで、前年（嘉慶二年）了俊に替わり遠江守護に補任されている（尊経閣古文書纂所収天野文書）。

明徳二年（一三九一）十二月、将軍義満に挑発された山名氏清、甥の満幸が反乱した〝明徳の乱〟が起ったが、その顚末を記した『明徳記』に「御所（義満）には十二月廿五日夜、合戦の御評定あるべしとて、諸大名をぞめ（召）されける。其夜めし（召）に随て馳参じける人々には、（中略）今河上総介泰範・同右衛門佐仲顕（秋）」。「御所さまも御馬廻五千騎にて、中御門大宮へ打て出させ給（い）て、（中略）御馬廻の軍《いくさ》奉行は一色京大夫詮範・今河右衛門佐仲秋此（の）両人なり。いづれも元来名を得たる勇士共なれば」と云々。

その後仲秋は遠江守護に尾張守護を兼ねることになるが、尾張守護としての徴証は明徳四年十月五日の熱田宮惣検校宛書下写（馬場家文書）で「当社祈祷の事、精誠致さるべきの状」とある。この尾張守護は四年後の応永四年（一三九七）甥直忠（氏兼嫡子）と交替するまで続いた（大徳寺文書）。

応永二年（一三九五）閏七月、兄了俊が九州探題を解任され、八月遠江半国守護に補任されたため、仲秋の遠江守護も半国になってしまった。なお、同年十一月二十八日の長瀬駿河入道宛仲秋書状（東寺百合文書ク）に「仲高《ちゅうこう》（花押）」とあるのは、同年六月の将軍義満の出家に倣って仲秋も出家したからであろう。

応永六年暮、了俊が失脚し仲秋もこれに殉じた。『吉田家日次記』応永七年五月十八日条に、「伝へ聞く、遠江守護の事〈日来今川伊与（予）入道・同右衛門佐入道、各《おのおの》の半国執務す。去年冬、伊与入道逐電以後、一円右衛門佐入道に付けらると云々〉。右衛門佐入道辞退す」とある。

このように活躍著しい仲秋であったが、その後史料に現れることなく死去の年はもちろん菩提寺も明らかでない。

　仲秋は了俊の養子となったと云われているが、その出典は『今川家譜』に「九州之探題ニ補佐セラレ、下向ノ時、舎弟仲秋ヲ養子トシテ侍所ニ補シ、其身ハ九国ニ赴キケル」とあることであろうか。また、『遠江国風土記伝』山名郡堀越〔村〕海蔵寺の項に、「郭中に寺を建つ、今川中（仲）秋の屋敷跡なり」とある。どちらの説も今一つ傍証が欲しい。

九　範氏の子氏家・泰範

範氏の嫡子氏家（五郎ヵ）は、『太平記』第三十四巻5に、今川上総介息右馬助として見える。原文は「足利の新征夷大将軍義詮朝臣、延文四年（一三五九）十二月二十三日、都を立ち南方の大手へ向かひ給ふ。相順ふ人々は、先一族には、細川相模守清氏・（中略）今川上総介・子息右馬助・同じき伊予守」云々となっている。義詮が南朝を攻めるため発向する時の記事である。この時南朝は河内国観心寺（大阪府河内長野市）に皇居を置いていた。

貞治四年（一三六五）十月九日、氏家はこの年の四月晦日死去した父範氏の後任として駿河守護に補任された。その足利義詮御判御教書写（今川家古文章写）の宛所に「今川中務大輔殿」とある。翌五年十月十四日、冷泉為秀を中心とする和歌の会が武藤楽阿（吉田神社領能登国富来院代官）の邸《やしき》で開催され、「中務大輔氏家」も叔父貞世と共に参加している。（『吉田家日次記』。水戸彰考館所蔵『一万首作者』に「今川中務大輔源氏家」）。

貞治六年十二月将軍義詮が三十八歳で早世、これを悼み貞世（了俊）・氏兼（真源）兄弟に倣い氏家も出家したようである。翌年応安元年（一三六八）と推定される四月十六日の祖父心省（範国）よりの書状の宛所に「中務入道殿」とある（安房妙本寺文書。法名不詳）。この心省書状は氏家の最終史料で、翌二年五月には弟の泰範が駿河守護として見えるので（同上）、この間に死去してたようである（死去年月日、享年、諡、菩提寺等全く伝わらない）。

氏家の弟泰範の生年は建武元年（一三三四）と『宗長日記』に記されているが、この年父範氏は十九歳、兄氏家が居ることを考えると、これは兄の生年の誤伝で実はもう少し後のようにも思われる。

泰範は早世した兄氏家の跡を承けて家督を継ぐが、『難太平記』に「今の上総介入道泰範、僧にて建長寺に有しを、めし上（げ）させて頭をつゝませて、国をも所領をも申（し）与へし」とあるように、それまでは鎌倉建長寺で僧侶としての生活を送っていた（僧名不明）。

泰範の駿河守護としての初見は、応安二年（一三六九）五月二十八日の今川泰範請文（安房妙本寺文書）で、「宮内少輔泰範（花押）」とある。永和元年（一三七五）□月六日の管領細川頼之奉書（美吉文書）が泰範に宛てられていて「今川上総介殿」となっている。同二年五月十二日、将軍義満は佐女牛《さめうし》八幡宮（若宮八幡宮社・京都市東山区所在）に参拝したが供奉人の中に「今川上総介人于レ時《ときに》小侍所」。同四年三月泰範は侍所頭人に就任し八ヶ月ほど在任した（『花営三代記』）。なお、嘉慶二年（一三八八）秋、義満が富士遊覧ということで駿河府中に下向し、泰範の歓待をうけているが、（『南方紀伝』『続史愚抄』）、府中でのその詳細を記録したものは見当たらない。

明徳二年（一三九一）十二月に起こった山名氏清・同満幸の挙兵、〝明徳の乱〟のことを書いた『明徳記』に、「今河上総介泰範・同右衛門佐仲顕（秋）」が追討軍の中に見え、「東寺へは今河上総介泰範・赤松越後守顕則・佐々木六角判官満高、都合其勢八百余騎、卄六日早旦に陣をとりて、四方の門々をかため、所々に矢倉をあげ、久我縄手作道《つくりみち》の（詰）つまりつまりを堀切て、責入（る）敵を待かけたり」とある。

応永二年（一三九五）六月、将軍義満が出家し、側近の多くがこれに倣ったが、泰範も出家して、「法高」と号した。ただしそれがわかるのは応永六年六月三日の管領畠山基国奉書（富士大宮司文書）の宛所「今河上総介入道殿」からである。

応永六年十二月、大内義弘の反乱〝応永の乱〟が起こり、義弘が和泉国堺城（大阪府堺市）に立籠った。その記録『応永記』に、「杉九郎ニ百余騎、森口城（河内国守口＝大阪市守口市）ニテ今川上総入道・結城越後入道ト日々合戦シテ」と云々。南下して堺城攻撃に移り、「今川上総入道、此方ハ城第一ノ難所也。不レ捨レ命《いのちをすてず》バ難レ成レ攻《せめなしがたし》トテ、エイヤ声ヲ上（げ）テ懸入リケレバ、嫡子五郎（範政）・又五郎（実名不詳）ヲ先トシテ、二百余騎入替（り）入替（り）散々ニ戦テ、討ツ被レ討《うたれ》ツ乱（れ）合（い）、火を出シテ喚叫《よびさけん》デ攻（め）戦（フ）」とある。

乱は十二月二十一日堺城が落城し義弘が討死して終わるが、年明け（応永七年）義弘に通じていたと疑われた叔父了俊が失脚、泰範（上総入道法高）は遠江守護および駿河守護（国務職も併せ）に補任された（国立史料館所蔵「徴古雑抄」）。ちなみに駿河は応永二年以来、了俊と範国が半国宛守護を務めていた。この了俊の駿河半国守護補任について、泰範は了俊自身の希望と解し、了俊を将軍義満に讒したこともあったと、了俊は『難太平記』で述べている。

泰範関係史料は。応永十四年（一四〇七）九月九日の今川泰範奉書（駿河伊達文書）を以って見られなくなる。よって『今川家譜』の応永十六年九月二十六日死去説が妥当と思われる（ただし享年七十六は初めにのべたように疑問である）。諡は長慶寺殿太山法高大禅定門。大周々奝（相国寺十七世・南禅寺八十七世）の『三周集』に「為二太山禅定門一拈香〈長慶寺殿〉」が収められている。菩提寺は駿河国志太郡下之郷村（藤枝市下之郷）の長慶寺。

十　了俊の子貞臣と貞継

了俊の子として『尊卑分脈』には、貞臣・貞継・言世《ときよカ》・貞兼の四人が見えるが、一次史料に見えるのは、貞臣と貞継のみである。

貞臣は、応安四年（一三七一）と推定される六月二十五日の今川了俊書状写（肥後阿蘇家文書）に「愚息治部少輔《じぶのしょう》」とあるのが初見で、九州探題として赴任する父に従軍している。この日、備後国尾道津（広島県尾道市）で乗船し先発した貞臣は、七月二日豊後国高崎城（大分県大分市）に入った（豊後入江文書）。「鎮西対治の事、時分然るべく候の間、先立って高崎城へ罷り着き候」云々。これは七月四日、阿蘇大宮司惟村に宛てた書状（写）の書出しで「義範花押」と署している（肥後阿蘇家文書）。この頃貞臣は義範と名乗っていたのである。そしてこの後、貞臣（義範）は了俊の手足として九州経営に尽くすのである。

九州上陸十八年後の康応元年（一三八九）、「散位（花押）」と署して、筑前・筑後、備前・肥後の国人等に文書を発給しているが、その書式は了俊に代ってというより、守護そのものの文書のようである。（筑前深江文書。筑後斑島《まだらじま》文書。備前福田文書。肥後小代文書等）。

了俊が『難太平記』に、「はじめは義範と故殿（祖父範国）のなの《（名乗）》られしも、（中略）近年九州にて、我とあら《（改）》ためて貞臣と名のりしにや」と記しているように、ある時期からの書状に貞臣と署している（備前深江文書。薩摩入来院文書等）。なお、官途も明徳二年（一三九一）九月より応永元年（一三九四）六月の間は陸奥守で（筑前満盛院文書。備前竜造寺文書。肥後阿蘇家文書）、その後、左京大夫《さきょうだいぶ》に叙され、応永二年六月の将軍義満の出家に倣ったらしく、了俊は貞臣を「大夫入道」とよんでいる（『難太平記』）。

応永二年（一三九五）閏七月、九州探題を解任された了俊と共に帰洛した貞臣は、遠江半国守護に補任された了俊に代わって遠江国府見付（静岡県磐田市見付）に下向したらしく、同六年十一月二十一日、天野遠江入道（景隆）に宛てて「沙弥（花押）」と署した書下を発給している（遠江天野文書）。

しかしこの時、既に〝応永の乱〟が始まっていて、大内義弘との関係を大御所義満に疑われたと思った了俊は遠江国に下向、失却、翌年八月上洛すべしとの命令が出た。つまり上洛すれば許すということである。そこで先ず八月嫡子貞臣を上洛させた。『吉田家日次記』同年十月七日条に、「去々月か、彼の子息上洛ありと雖も、自身参著せずんば、呼ぶべからざるの間、召に応ずと云々」（十月四日了俊は入洛し翌月出仕した）。これが貞臣に関する最終史料である。死去の年、菩提寺等一切伝わらない。

次に貞継であるが、貞継は父了俊の九州経営も終盤にかかる明徳五年（一三九四）四月九日、薩摩国山門院之内針原（鹿児島県出水《いずみ》市）等を市来崎弾正に打渡すよう命じていて、「伊予守（花押）」と署している（佐賀県唐津市山門幸夫氏所蔵文書）。この伊予守が貞継であることは、薩摩岡元家旧蔵文書の中の「卯月廿九日、貞継（花押）」とある書状と花押が同一であるからである（『南北朝遺文九州編』第五巻月報所載、山口隼正「日向・薩摩と今川氏兼・貞継」）。

ところで、東京大学史料編纂所編『花押かがみ』には、「今川和元〈初名三雄、改守政、貞世男、宮内大輔〉」

という項目が見られる。この和元は『土佐国蠧簡《とかん》集残篇』所収「今川家系図」では、貞臣の弟となっていて伊世守・宮内少輔、始貞元と注してあり、これには貞継の名は載っていないのである。和元と貞継は同人ということか、しかし両者の花押は同一人のものとは思われない。

永徳三年（一三九八三）四月、肥後国の相良前頼が南朝に帰順したため、了俊は翌至徳元年八月宮内大輔三雄を肥後国二見（熊本県八代市）に派遣した。しかし同二年正月、三雄は前頼に攻められ佐敷（熊本県芦北町。二見の南方十二キロメートルほど）に、さらに天草へ退却した。その三雄は至徳三年には守政と改名、その翌年嘉慶元年には再び改名して和元と名乗っている。最終史料は同二年四月二十六日の室町幕府御教書写（薩摩入来院文書）である。

また、了俊に従軍して九州で活躍した武将に今川兵部大輔満範が居る。永和二年（一三七六）と推定される六月五日の野辺盛久書状（大隈祢寝文書）に、「御名字は今河新野殿と申し候由承り候」とあるので、世代から範国の従兄弟新野弾正少弼俊国の子ではなかろうか。同じく同年と推定される七月三十日の斎藤明真書状（同上）に「三ヶ国大将下向」とあるように、薩摩・大隅・日向三ヶ国の大将として派遣されていて、永徳二年（一三八二）までの六年間、多くの文書を発給している（『南北朝遺文　九州編』）。

十一　氏兼の子直忠

九州探題として赴任する叔父了俊に、直忠が従軍したことは確かであるが、その行動が知れるのは二年経過した応安六年（一三七三）からである。「同（応安六年）四月八日、所隈（肥前。佐賀県鳥栖市）御陣の事、御大事たりの由、仰せを蒙るの間、弾正少弼殿御共仕り、彼の山に馳上り陣を取り畢わんぬ」と毛利元春軍忠状（毛利家文書）にあるが、ここに弾正少弼とあるのが直忠である。これは肥後国高良山（熊本県久留米市）に立籠った南朝方菊池軍攻撃の一環であった。

翌応安七年正月、豊前国城井郷（福岡県犀川町）の宇都宮家綱（冬綱の子）が南朝方に与して挙兵したので、直忠が討伐のため派遣された。この出陣に加わった田原氏能の軍忠状（豊後入江文書）に、「正月廿三日、城井常陸前司入道（宇都宮家綱）謀叛に依って弾正少弼殿御発向の間、時日を廻らさず城井の御陣に馳参じ夙夜《しゅくや》忠勤を致し」云々とある。この戦いは九月になり宇都宮方の高畑城が攻略されて終わった。

この後、直忠は了俊と行動を共にしていたと思われるが史料には表れない。十四年後の嘉慶二年（一三八八）、了俊は日向守護に補任され、この年と推定される二月十八日の了俊書状（大隈祢寝文書）に、「日州の事は弾正少弼に申し付け候了わんぬ。近日入部すべく候也」云々とあり、直忠が守護代または国大将として派遣されたようである。

そしてまた消息がとぎれ、九年後の応永四年（一三九七）、五年に尾張守護として現れ、「今河讃岐入道」「法珍」と称している（大徳寺文書。醍醐寺文書）。〝応永の乱〟によって了俊は失却、翌七年正月、今川泰範が遠江守護に補任されるが、その経過が『吉田家日次記』同年五月十八日条に記されている。「伝へ聞く、遠江守護職の事（注を略す）、右衛門佐入道（仲秋）辞退す。（中略）仍て今川上総入道・同讃岐入道〈各半国〉に宛行はると云々。（中略）後に聞く、守護職の事、讃岐入道辞し申す。仍て一円に上総入道に仰せらると云々」。同年七月六日、大御所義満は幕府の料所として日向国を、直忠に預け置いている。その御内書案（『薩摩旧記』

所収文書）には「今川讃岐入道法世」とあり、法名が改められていたことが知れる。

直忠（法世）の最終史料は、応永十四年（一四〇七）九月三日の管領斯波義教奉書（駿河伊達文書）で、駿河国入江庄内三沢小次郎跡（静岡市清水区）を伊達範宗と争い敗訴している。死去したのは応永十九年（一四一二）より同二十四年の間と推定される。それは『時衆過去帳』の同期間遊行上人であった十四代大空の項に「法阿弥陀仏〈今河讃州〉とあることによる。

室町期

尊卑分脈追記

◦一部書式を変え省略した。

- (泰範)
  - 範政　上総介　民部少輔　号金林寺法名道賀
    - 範豊　五郎
    - 範忠　彦五郎　民部大輔　宝処院
      - 義忠　彦五郎　治部大輔　長宝寺
        - 氏親　治部大輔
          - 氏輝　五郎
          - 義元　治部大輔
        - 女子　内大臣実望室　公兄母
    - 範勝　弥五郎
      - ※原本範勝以下を義忠弟としているが誤り今正す
    - 小鹿
    - 範慶　孫五郎
    - 範頼　与五郎
      - 範清　新五郎(範満)
  - 泰国　宮内少輔

- (貞臣)
  - 貞相
    - 範将
      - 貞延　六郎　陸奥守
        - 一秀　世名(瀬)　僧
          - 氏貞　陸奥守

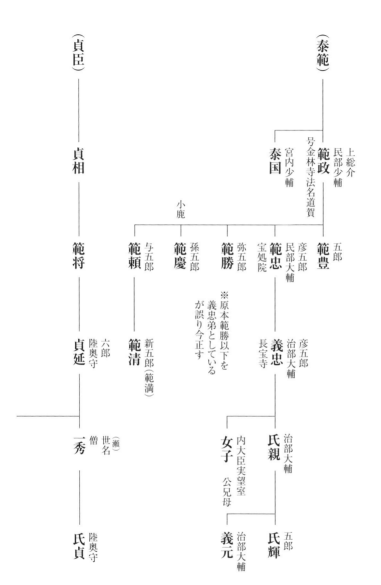

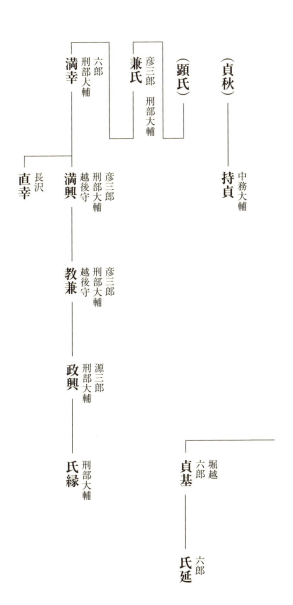

（貞秋）

持貞 中務大輔

（顕氏）

兼氏 彦三郎 刑部大輔

満幸 六郎 刑部大輔

満興 彦三郎 刑部大輔 越後守

直幸 長沢

教兼 彦三郎 刑部大輔 越後守

政興 源三郎 刑部大輔

氏縁 刑部大輔

貞基 堀越 六郎

氏延 六郎

一　泰範の子範政

範政の生年については、貞治三年（一三六四）と至徳元年（一三八四）の二説（前者は『宗長日記』。後者は『今川家譜』の享年逆算）があるが、前者は父泰範の家督相続前となるので、嫡子範忠の生まれた応永十五年（一四〇八）に二十五歳となる後者の説を採ることとする。母は上杉朝顕の女《むすめ》、亀寿御前。法名を了宗という（『今川記別本』所収系図。上杉系図）。

応永六年（一三九九）の〝応永の乱〟を記した『応永記』の和泉国堺城（大阪府堺市）攻めの記事に、「一色・今川両手ニ合（せ）テ戦フ。今川上総入道、此方ハ城第一ノ難所也。不レ捨レ命《いのちすてず》バ難レ成レ功《こうなりがたし》トテ、エイヤ声ヲ上テ懸入リケレバ、嫡子五郎・同（く）又五郎ヲ先トシテ、二百余騎入替入散々ニ戦テ」云々とある。上総入道は泰範、嫡子五郎が範政、又五郎は不明である。

応永十六年（一四〇九）九月の父泰範死去の跡を承けて、範政は直ちに駿河守護に補任されたと推定されるが、守護としての徴証は四年後、同二十年十一月十二日の駿河国大津庄東光寺宛今川範政書下（東光寺文書。島田市）からで、差出者名は「上総介（花押）」。実名範政は同二十二年三月中旬書写とある。『異本紫明抄』奥書（『未刊国文古注釈大系』第十冊）が初見。ちなみに永享四年（一四三二）の『富士紀行』に「此国の守護上総介範政」とある。

応永二十三年（一四一六）八月、前関東管領上杉禅秀（氏憲）が鎌倉公方足利持氏の横暴に怒り挙兵、持氏は退去し駿河国に逃げて来た。幕府は範政に出陣を命じ、十二月下旬範政は持氏を擁して相模国に向かい禅秀方を打破り、正月十日禅秀が鎌倉雪下《ゆきのした》において自害、〝上杉禅秀の乱〟は終結した（『看聞日記』。『満済准后日記』。『鎌倉大草紙』）。この戦功により範政は、この年（応永二十四年）閏五月七日将軍義持から駿河国富士下方（富士市）を宛行われた（今川家古文章写）。

鎌倉公方持氏の横暴は、この後益々激しくなって行き、関東の京都扶持衆を討つなど、将軍義持への対抗的態度へと変わっていった。そのため幕府は応永三十年（一四二三）七月五日、管領畠山満家の許に諸大名が集まり、関東へ討手の大将を発向させることなどを決めた。その諸大名の面々は、細川満元・斯波義敦・山名時熙・赤松義則・一色義貫、それに今川範政であった（『満済准后日記』）。

ただし、この時は実際には出陣しなかったようで、十一月持氏は謝罪の使者を上洛させている。とはいうものの持氏の謝罪は上辺《うわべ》だけであり、正長元年（一四二八）九月、幕府は関東での騒乱に備えるため、範政を下国在国させることにした。このことが記された『満済准后日記』同年十月二十二日条に、「今河上総守（介）来る。明日駿河国へ罷り下ると云々。千疋随身す。馬一疋・太刀これを遣わす」とある。

永享四年（一四三二）九月、将軍義教が富士御覧と称し持氏を畏服させるべく駿河府中に下向してきて、範政がしつらえた望岳亭や清見関の清見寺などで歌会を催した（『満済准后日記』。『富士紀行』。『覧富士記』等）。しかし、持氏は出向いて来なかった。

ところで範政は、義教下向の半年ほど前に、家督を末子千代秋丸（母は上杉氏定の女《むすめ》）に譲りたいと幕府に伺いを立てていて、義教は嫡子彦五郎範忠（母不詳）が居るのに何故と不審を懐きこれを保留していた。『満済准后日記』永享四年三月二十九日条に、「今日同じく山名（時凞）に仰せらる事、駿河守護今河上総守（介）相続仁体の事。（中略）千代秋丸の事においては是非叶うべからず□、自余の兄弟の内に確《しか》と申し付け」云々とある。

この家督相続問題は翌年四月になり、範政が病床に伏し、子息等の合戦に発展したとの情報が幕府に届けられ慌ただしくなる。そして、『満済准后日記』同年四月二十八日条に、「今河上総介一跡の事〈駿河国〉、嫡子彦五郎に仰せ付けらるべき由、大略御治定」とあるように、範政の希望は退けられ範忠に内定した。

病床に在った範政は出家して「道賀」と号し、五月二十七日息を引取った。享年五十。諡は今林寺殿慶堂道賀大禅定門。天文年間の駿河国臨済塔頭・末寺帳（臨済寺文書）に、臨済寺の同門寺院として今林寺が見え、『護国禅師三十三回忌香語写』に「府の北の今林官寺（中略）範政公の墳寺」とある。

さて先に、応永三十年（一四二三）七月五日、幕府は関東に討手を差し向けることを決めたと述べたが、この時その大将に指名されたのは「今川駿河・桃井ゝゝ両人」で、「御旗一流書し、一流は今川駿河に下さるべし」と『看聞日記』にある。ここに見える今川駿河は、年不詳正月二十三日の小笠原右馬助（政康）宛足利義持御内書（小笠原文書）に、「今度の忠節誠に以て神妙に候。毎事今川駿河入道に談合し、弥《いよ》いよ戦功を抽きんずべき者なり」とある駿河入道と同人と思われ、『時衆過去帳』の遊行十五代上人尊恵（応永二十四年より正長二年まで遊行）の項の「来阿弥陀仏〈今河駿河入道〉」であろう。

そこでこの人物を系図に求めると、『土佐国蠧簡集残編』所収「今川家系図」に、駿河守頼之が在り、この人は直世（氏兼）の子直忠の弟であるので、世代的にはこの人に充てても問題はないと思う。

二　家督争いと一族の人々

範政の項で述べたように、範政は晩年、家督を長男彦五郎ではなく末子千代秋丸に譲ろうとしたため、将軍義教にも不審を持たれ、家中も紛糾した。その経過は将軍護持僧で醍醐寺座主『満済准后日記』で知られるのであるが、そこには今川一族の多くの人々が見える。今川遠江入道・同じく右衛門佐入道・同じく播磨入道・同じく治部少輔入道・尾崎伊予守・各和三郎・新野某・それに那古屋今川下野守等である。

遠江入道は仲秋（右衛門佐入道仲高）の嫡子貞秋で、嘉慶二年（一三八八）五月十四日の今川了俊遵行状（毛利家文書）の宛所に「今河中務大輔殿」とあるのが初見。この時の貞秋は安芸守護代であろう。翌康応元年三月の将軍義満の厳島詣でを記した了俊著『鹿苑院殿厳島詣記』の中に随行者として、父（右衛門佐）と共に貞秋（中務大輔とある）が見える。

明徳三年（一三九一）八月、相国寺落慶供養が執行われ将軍義満がこれに臨んだが、その随兵の中に「今川遠江守源貞秋」と「今川左馬助源氏秋」が居る。（『相国寺供養記』）。そして応永十八年（一四一一）四月、貞秋こと遠江入道は了俊よりその著書『歌林』を贈られている（同書末尾）。

さて、範政の跡目をめぐる騒動であるが、『満済准后日記』永享五年（一四三三）三月十五日条に、「今河総州〈駿河守護〉嫡子彦五郎の事、器用不便の由、今河遠江入道申す旨、内々上聞に達し了わんぬ」とある。これは貞秋自身の考えであろうか。それとも範政の思いを代弁したものであろうか。この頃の貞秋は今川一族の最長老であったと推定されるのである。

しかし、同日記四月二十八日条には、「今河上総介一跡の事〈駿河国〉、嫡子彦五郎に仰付けらるべきの由、大略御治定す。其の旨、門跡（満済のこと）をして今河遠江入道方へ申し遣わすべきの由、今朝仰せらるるの間、状を遣わし了わんぬ」と。範政の願いは叶わなかったのである。

同日記五月十九日条に、「今河遠江入道を召し上ぐべきの由、仰せ出さる間、下野守に申し付け了わんぬ」と。同五月二十八日条に「今河遠江入道参洛す」と。貞秋は何処から上洛したのであろうか。駿河府中ではこの頃範政は病床に伏せていて、貞秋が上洛した日には既にこの世の者ではなかった（五月二十七日死去）。晦日（三十日）貞秋は室町殿において奉行人三人立合いの許、満済に国元の様子を報告している。そして六月三日将軍義教は予定通り彦五郎の家督相続を決定した。『満済准后日記』五月晦日の記事が貞秋の名の見られる最終史料である。『土佐国蠹簡集残篇』所収「今川家系図」の貞秋（法名昌善）に駿州府に於いて自害、子持貞に父と同じく自害とあることは次の貞秋の項で述べるように誤記であろう。


右衛門佐入道は貞秋の弟氏秋であると推定する。氏秋が『相国寺供養記』に将軍義満の随兵の一人として見えることは、前項貞秋のところで述べた。ところで、『看聞日記』応永二十三年（一四一六）十月十三日条には、〝上杉禅秀の乱〟で鎌倉公方足利持氏が逃れて駿河国に入ったという報告が京都に届き、「諸大名馳せ参じ御評定有り、駿河は京都御管領の間、先ず駿河へ申し入るべきの由、守護〈今川金吾〉に仰せられ、関東へ先ず御使を下さるべし」とある。しかしここに守護今川金吾（右衛門佐）とあることは問題である。これは今川上総介の誤記であろうか。それとも氏秋が駿河守護代として在国していてそれを守護今川金吾と書いてしまったのであろうか。

さて、それはそれとして、『満済准后日記』永享五年（一四三三）六月二十一日条に、「駿河の事、今川右衛門佐入道注進の趣、珍重に思し召され、随って明後日〈二十三日〉出京すべし」とある。次で七月十九日条に、

「今河右衛門佐（入道脱）より注進これ在あり。民部大輔（今川範忠）去る十一日、無為入国す。其れに就き、三浦・進藤・狩野・興津・富士以下同心して合戦に及ぶ。然りと雖も民部大輔の手の者打ち勝つと云々」。

そしてこの後も国人たちは各所に放火するなど抵抗を繰り返したが、九月初め制圧された。同日記九月十日条に、「仍って御感の内書これを下さる。駿河守護〈今川民部大輔〉・今河右衛門佐入道・同下野守・同治部少輔入道、以下四通、戌の初刻、飯尾大和守醍醐に持ち来り了わんぬ。仍って今夜今河の使いに渡し遣すなり」とある。

永享十年（一四三八）頃のものと推定される八月十九日の管領細川持之奉書写（『足利将軍御内書并奉書留』）に、「駿河国半国〈山東《やまひがし》〉の事。今河左衛門佐入道入国、毎事等閑無く忠節致すべき由、仰せ出され候。恐々」とあり、これが狩野介・葛山駿河守・入江尾張守・興津美作守・富士大宮司・富士右馬助・庵原周防入道・由（比）河衛門入道、八人の駿河国人に宛てられている。なおここに今河左衛門佐入道とあるのは右衛門佐入道の誤写で氏秋のことであろう。

この頃、将軍義教に反発する鎌倉公方持氏は、関東管領上杉憲実と不和になり鎌倉は騒然としていた。そうした時期に駿河の国人たちを氏秋の指揮下に置こうとしたのは、かつて国人たちが守護今川範忠の入国に抵抗したことがあったからであろう。ただわからないのは駿河半国〈山東〉とあることである。駿河守護が分割され氏秋が半国守護となったということか。

わからないと云えば『東寺執行日記』嘉吉元年（一四四一）閏九月二十七日条の「遠江国今川殿、遠州押領の間、京都より甲斐・細田両人（守護斯波氏被官）下向」。およびこれを説明した『常光寺年代記』の、「嘉吉元辛酉。（中略）遠州今川一門打出でて国を奪いたり。時の守護代、立籠る遠府（見付）の城を遂に落とせず、京勢下り追散らす。今川勢今川金吾、駿州に於いて切腹。一族多く前に同じく。残る勢は井城（不明）に籠り、京勢発向して首尾十六日にして、悉く責落とす」という記事である。

ちなみに、『康富記』嘉吉三年（一四四三）九月二十六日条に「今河右衛門佐、駿河守護也」とあり、これは誤りであるが、記主中原康富には氏秋が守護に補任されたことがあったという認識があったのであろうか。先の「駿河国半国〈山東〉の事。今河左《(右カ)》衛門佐入道入国」とあった管領細川持之奉書写の文言との関わりからも考えさせられる問題である。

氏秋も生没年や菩提寺は不明である。『土佐国蠹簡集残篇』所収「今川家系図」の貞秋に、駿府に於いて自害、その子持貞に父と同じく自害とあるが、これは氏秋〈右衛門〉・高秋〈左馬介《(助)》〉父子に付される注が誤記されたのではなかろうか。

播磨入道は『満済准后日記』のみに見える人である。同日記正長元年（一四二八）二月十日条に、「今川播磨御暇申さず自由出家して上洛の間、未だ対面に及ばずなり」など、三ヶ条の申し入れが管領畠山満家からあり、その内の「今河播磨には早々御対面下さるべく有り」となったという。

次は同日記永享五年（一四三三）七月二十六日条で、「今夜将軍より御書これあり、駿河の事に就き、今河播磨守《(入道)》を彼国へ下し遣わさるべし、然れば当守護今河民部大輔との間、若し不快の儀これ在る歟、如何《いかん》と云々」。入国の時、国人たちに抵抗され、それが未だ治まらない範忠のことを心配した義教が、播磨入道を駿河に下向させることの是非を満済に問うたのである。

結局、播磨入道は駿河に派遣されることになり下向した。同日記同年閏七月二十五日条に、「今河民部大輔方より注進到来す。今河播磨入道下国の事に付きて国は時儀を申す計りなり。殊《こと》なる儀非ず、同名尾崎伊予守参陣せず。結局、同名各和三郎、播磨入道の手に属すべく等申すと云々。此の状未だ披露に及ばず」と。

同二十八日条に、「駿河より又注進到来す。同名播磨入道罷り下る以後、国物忩にして、狩野・富士以下、三浦・進藤等罷り出でて、国中所々を放火し、剰《あまつさ》え近日は府中に指寄すべくと云々」。しかしこうした国人たちの抵抗も九月初めまでには制圧され、以後播磨入道の名も見られなくなる。

さて、播磨入道を系図類に探すと、『土佐国蠧簡集残篇』所収「今川家系図」に、直世（越後守氏兼のこと）の嫡子直忠の弟に範隆があり、播磨守・中務大輔と注してある。この人であろうか（『尊卑分脈』にはこの人は見えない）。

治部少輔入道は左京大夫貞臣の嫡子貞相に充てて問題はないようである。『満済准后日記』永享五年（一四三三）七月十四日条に、「星岩和尚・周浩《(洪)》西堂来臨す。今河治部少輔入道申す事これ在り、殊なる事に非ず。今河民部大輔、国時宜以下に就き忠節致すべき旨、管領奉書等の拝領畏入《かしこみい》るべしと云々」。つまり貞相が範忠に忠節を尽くすよう命ずる奉書の拝領を申し出たというのである。三日後の十七日条によると新野某も同じ申し入れをして、「今河治部少輔入道・同じく新野両人方へ御教書」が下されることになったとある。

新守護今川範忠入国後の国人たちの抵抗は九月初めに至り制圧された。同日記九月十日条に、「仍って御感の内書これを下さるる、駿河守護〈今河民部大輔〉・今河右衛門佐入道・同じく下野守・同じく治部少輔入道、以下四通」とあり、範忠はじめ貞相ら四人に将軍より感状が下されている。

死去は『時衆過去帳』の遊行十六代上人南要（正長二年より永享十二年まで遊行）の項に「声阿弥陀仏〈今

河治部少輔〉」とあり、おおよその時期が知れる。

尾崎伊予守・名和三郎・新野某の三人は、これまでに引いた『満済准后日記』に見た通りである。尾崎は貞臣の弟左京亮貞兼の子、名和は貞相の弟肥後守貞行の子、新野は了俊の九州赴任に従軍した兵部大輔満範の子と推定されるが確たる裏付けはない。

下野守は『満済准后日記』永享五年（一四三三）七月七日条に『尾張那古屋〈今河下野所領〉』とあるので、今川那古屋（名児耶とも）氏であることがわかる。今川那古屋氏は今川氏の祖国氏の女《むすめ》が名児那某に嫁して生まれ子を、国氏の嫡子基氏が養子としたのが始まりといい（『難太平記』）、〃応永の乱〃の記録『応永記』に、「今河奈古屋、是ヲ（見テ脱）上野（大内義弘の部将）ヲ不レ討《（討取）》ト大勢ノ中ヘ切テ入《（り）》戦フ処ニ、馬ノ太腹射サセテ歩立《かちだち》ニ成テ、向フ敵十余人切テ落シ」、その後討死を遂げたとある。また、永享三年七月、尾張国山田庄（名古屋市内）の百姓逃散に際して、那古屋でこれを受入れぬよう領主今川左京亮が幕府から命ぜられている（「御前落居奉書」・『後鏡』）。

さて、左京亮というのは、応永の乱の時に討死した今川那小屋の子で、下野守の前身ではなかろうか。その下野守は『満済准后日記』永享五年六月二十九日条に、「今河民部大輔、今日下国と云々。今河下野守同道して下国の由、申し来り了わんぬ」とあるように、守護として下国する範忠に同道した。そして同日記九月十日条には範忠の入国を妨げた国人たちを制圧したことを称えた将軍義教からの感状が範忠以下四人に下されていることが記されていて、その中に下野守が居たことは既に述べた。なお、『文安年中御番帳』の一番に在国衆として見える今川下野入道も同人であろう。

三　範政の子範忠と弟たち

範政には、彦五郎範忠・弥五郎範勝・与五郎範頼等の子供が居た。

範忠の生まれは応永十五年（一四〇八）という（『宗長日記』）。通称を彦五郎とするが、駿河守護を継承する今川家の嫡子の多くは五郎を通称としていて、範忠が五郎でないのは兄に早世した五郎範豊が居たからであろう（『尊卑分脈』追記。ちなみに同書は範忠弟たちを範忠の嫡子義忠の弟とする誤記をしている）。

範忠は『満済准后日記』永享四年（一四三二）六月二十九日条に、「駿河守護今河上総介嫡子彦五郎遁世の由、内々申し賜わるなり」とあるのが初見である。この範忠の出家は、父範政が範忠は器用人ではないから末子千代秋丸を跡継にしたい、と幕府に申し出たからである。

しかし将軍義教はこれに不審を抱き、幕府の大名衆議でこれを検討させ、翌五年四月二十八日範忠を今川の家督とすることに内定、六月一日これを披露した（範政は四日前の五月二十七日死去）。同日記六月三日条に、「今河彦五郎今夕御目に懸り、久国の太刀これを進上すと云々。去る一日より髪を裹《つつ》まるなり」と。六月二十七日条に、「今河彦五郎、駿河国守護職ならびに一家惣領以下の御判を拝領、民部大輔に任ず」と。二十九日条に、「今河民部大輔今日下国と云々。今川下野守同道下国の由、申し来り了わんぬ」とある。

ところが範忠の入国は順調ではなく、七月十一日駿河府中に到着した範忠一行に対して、国人の三浦・進藤・

狩野・富士・興津の軍勢が寄来り、今川右衛門佐入道（氏秋）および岡部・朝比奈・矢部等の範忠の軍勢と合戦になった。この国人等の反抗の背後には鎌倉公方持氏が居たようである。それは持氏の将軍に対する対抗意識、家督相続を否定された千代秋丸の母が扇谷《おおぎがやつ》上杉持朝の姉妹であったことなどが絡んでいるようである。そしてこの合戦で追払われた国人たちの反抗も九月になると治まった。

永享十年（一四三八）四月、持氏が関東管領上杉憲実と不和になり、六月話し合いが持たれたが和解は成らず、こうした状況は幕府に伝えられた。同年と推定される七月晦日の「今河上総介」宛管領細川持之奉書写（足利将軍御内書幷奉書書留）によれば、範忠に対し国人等を動員して上杉憲実に加勢せよという命令が出されている。ところが〝永享の乱〟のことが記された『永享記』（『鎌倉大草紙』の一部カ）には、「同九月十日、京都よりの討手（の）大勢、足柄・筥根二手に分（れ）押寄（せ）る」云々とあるが何処にも範忠の名は見えない。

享徳三年（一四五四）十二月二十七日、鎌倉公方足利成氏（永享の乱で自害した持氏の遺児）が関東管領上杉憲忠（憲実の子）を謀殺したため、怒った上杉勢は年明けから成氏と戦い執拗に追い、三月成氏は下総国古河（茨城県古河市）に退去した。『斎藤基恒日記』享徳四年四月八日条に、「関東成氏御退治として、今川上総介ならびに奉公方輩《やから》進発す」とある。六月、鎌倉に入った範忠は、その後長禄四年（一四六〇）正月までの五年間鎌倉を支配下に置いた（鎌倉黄梅院文書。『香蔵院珍祐記録』）。

寛正二年（一四六一）三月二十日の足利義政御判御教書写（今川家古文章写）に、「上総介範忠本領の事。早く譲状ならびに当知行の旨に任せて、今川治部大輔義忠領掌相違有るべからずの状、件《くだん》の如し」とある。鎌倉から帰国した範忠は体調を崩していたのであろうか。この年の五月二十六日死去したという（『今川家略記』）享年五十四。諡は宝処寺殿不二全公禅定門（天文年間の臨済寺塔頭・末寺帳に、塔頭宝処院が見える）。

弥五郎範勝で気になるのは、『満済准后日記』応永三十年（一四二三）正月六日条に「今川孫五郎来り、太刀を献ず」とあることである。果たして弥五郎の間違いではないのかと。それはさて置き、同日記永享五年（一四三三）四月十四日条に、「山名禅門（時熙）来り（中略）駿河国散乱の事等、条々申す旨これ在り。簡要、今河上総守（介）二男弥五郎、父上総守（介）当時病床鶴林（獲麟）の式の処、父を人質に取り雅意に任せて譲与状をさせ、舎弟千代秋丸方の者をば大略これを打ち了わんぬ。言語道断の次第なり。（中略）駿河国の事、山名申し入る旨申す処、此事弥五郎申す旨、管領（細川持之）申し入るなり。其の趣と只今山名申し入る旨とは相違なり。弥五郎申し入る旨は、千代秋丸方の者共、父を押しのけ雅意に在すべき所行露顕の間、其の沙汰致し了わんぬ」と。このように駿河国における家督騒動の様子の京都への伝わり方はまちまちであった。

しかし結局、同月二十八日今川の家督し彦五郎範忠に内定した（『満済准后日記』）。同日記同年七月四日条に、「室町殿に参り御対面、申次伊勢加賀守・今河弥五郎参洛了わんぬ。進退の事歎《なげ》き申すと云々。今度の参洛以下の振舞、旁《かたがた》神妙に思《おぼ》し食さるるなり、暫く堪忍仕るべし、御扶持を加えらるべきの旨、これを申し付くるべきの由、管領に仰せ遣わすべく由、仰せ出《いで》られ了わんぬ」とある。

範勝は『臨済寺本今川系図』に義忠の弟と誤記されているが、その付記に「文明五年丁巳三月十八日卒去。法名隆福寺殿法雲竜公大禅定門」とある。ちなみに臨済寺塔頭・末寺帳（臨済寺文書）には塔頭として隆福院が見え、「江尻隆福寺領・相良大祥寺領等を当院領に寄せらる。隆福院殿御菩提所たり」と付記されている。

与五郎範頼が千代秋丸の成人名であろう。千代秋丸のことは『満済准后日記』永享四年（一四三二）三月二十九日条に、「今日同じく山名（時熙）に仰せらる事。駿河守護今河上総守（介）相続仁体の事、末子千代秋丸の由、内々聞し食し及ばされる間、此の者の事、母は関東上杉治部少輔（持定）姉妹と云々。幸に嫡子以下兄弟数輩これ存り、此等を閣《お》き堅固に幼少七、八歳の者に申し付くべくの条、併しながら別心様に罷り成べき歟、然るべからず候由、先度山名状を以て上意の趣具さに申し下し了わんぬ」云々とあるのが初見である。

結局、千代秋丸の家督相続は叶わず、千代秋丸のその後も史料には表れない。

今川中務大輔持貞

永享十年（一四三八）と推定される十月十五日の「今川中務大輔」宛管領細川持之奉書案（足利将軍御内書并奉書留）に、『去月廿七日、相州小田原ならびに風祭に於いて忠節致せしめ、上杉陸奥守（憲直）を捕えて進ぜしむの条、御感の至りに候。殊に以て神妙の旨、仰せ出され候」云々とある。これは〝永享の乱〟の時のことであり、中務大輔というのは遠江入道昌善（貞秋）の嫡子持貞であろう。

幕府はこの時、鎌倉公方持氏討伐軍を下すが、『永享記』には駿河守護今川範忠の名は出て来ない。

今川治部少輔範将

長禄三年（一四五九）八月九日の幕府奉行人連署奉書（南禅寺文書）に、「今河治部少輔《じぶのしょう》ならびに井牢人已下の事。近日出張せしめ遠江国に打入るの旨、風聞と云々。事実《ことじ》ちたらば不日、守護代に合力すべきの趣、同国榛原・新所地下等に下知を加えらるべきの由、仰せ出され候なり」と南禅寺雑掌に命令が伝えられている（榛原（初倉庄）・新所は南禅寺領）。

さて、ここに見える今河治部少輔であるが、この人物は了俊の孫貞相の子範将とされる。了俊（貞世）の子孫は貞臣─貞相と貞を通し字とし、範将の後も貞延─貞基と次第するのでこの名乗は異質であり、一次史料では確認できない。

ところでこの治部少輔の遠江打入りは実際に行われたようで、寛正三年（一四六二）頃の遠江国は「遠州忩劇」といわれた状態であったと南禅寺文書にあり、『親元日記』寛正六年八月二日条に収められた、七月二十八日の伊勢貞藤書状写に、「今河治部少輔殿跡遠州河井、堀越・中村・湊ならびに駿州世奈《（瀬名）》の事。御料所として仰せ付けられ候」とある。

静岡市駿河区小坂の曹洞宗安養寺は、安養寺殿士峰常延大居士〔今川範将〕（『土佐国蠹簡集残篇』所収今川系図の範将〈三郎〉の項に「駿河葉梨討死」とある）を開基としていて、この寺は志太郡中之郷村（葉梨庄内。藤枝市）に開創された臨済宗寺院で、戦国時代に現在地に移されて曹洞宗となったという。

四　範忠の子義忠・頼忠

義忠は永享八年（一四三六）の生まれと『宗長日記』にある。寛正二年（一四六一）三月二十日の足利義政御判御教書写（今川家古文章写）に、「上総介範忠本領等の事。早く譲状ならびに当知行の旨に任せて、今川治部少輔義忠領掌、相違有るべからずの状、件の如し」とあるのが初見である。時に二十六歳ということになる。

この年（寛正二年）十二月十九日、義忠は義政より、堀越公方政知を援助するよう命ぜられ（足利家御内書案)、二年後(同四年)と推定される十一月七日にも、「近日成氏(古河公方)出張すべくの由、其の聞え候。然る間、典厩(左馬頭・政知のこと)無勢の条、不日豆州へ着陣有り計略を運《めぐ》らせ忠功致さるべく候」という御内書を下されている(同上)。この御内書写には宛所が「今川治部少輔とのへ」となっているが、治部大輔の誤写であろう。

寛正六年(一四六五)十二月八日の足利義政御内書写(同上)に、「成氏既に武州太田口出張の旨(間)、早速発向すべきの旨、度々仰せらるの処、今に遅々、如何体子細哉《や》、所詮不日下総口に進発せしめ、戦忠を励むべきなり」とあり、これが義忠と甲斐守護武田信昌に出されたという。ただし今度も出陣したという史料は見当らない。

〝応仁・文明の乱〟の初め頃、義忠は駿河国府北方の安倍山を本拠としてきた国人狩野氏(狩野介と称す)を攻滅した(『宗長日記』)。文明四年(一四七二)十二月三十日の足利義政御判御教書写(今川家古文章写)に、「駿河国安部《(倍)》山の事。代々の御判を帯す今川上総介義忠、当知行と云々」。鎌倉時代、狩野氏が入部した安倍山は、南北朝時代以後狩野、今川、狩野と領主交替が繰り返されてきたのである。(同上。『満済准后日記』)。

文明五年十一月二十四日、義忠は相国寺普広院領遠江国懸川庄(掛川市掛川)の代官職を預け置かれた。足利義政御判御教書写(同上)に、「普広院領遠江国懸革庄代官職の事。今川上総介義忠に預け置く所なり」とある。ところが入部しようとする義忠を、遠江守護斯波義廉《よしかど》の家人狩野宮内少輔が妨げた(ちなみに応仁・文明の乱では義忠は東軍方、義廉は西軍に属した)。

同時代の人宗長の『宗長日記』に、「其時、狩野宮内少輔と云《(う)》もの(中略)入部を違乱す。しかるに義忠自身進発、八月より十一月まで、狩野が城府中(見付)せめらる。同廿日、責おとされ狩野生害す。(中略)

義忠其十二月帰国。明る年（文明七年なるべし）牢人蜂起して、（中略）義忠また進発。（中略）義忠帰国途中の凶事」とある。これを『今川家譜』は「明年遠江ノ浪人横地・勝間田蜂起シ、（中略）義忠又出張シテ悉（ク）令二退治《たいじせしむ》一、帰国ノ時分ニ又一揆起リ、塩見（買）坂（遠江国城東郡の塩買坂）ニテ、文明十一年二月十九日、義忠不慮ニ討死」と記している。文明十一年は七年の誤記であろう（『今川記（富麓記）』では文明七年。拙稿『今川氏と遠江・駿河の中世』第一部第四章）。

謚は長保寺殿桂山昌公大禅定門。享年四十。『駿河志料』安倍郡大岩村（静岡市葵区大岩）の項に「今川義忠朝臣墓〈長保寺廃址の山中段にあり〉。相伝へて云、長保寺廃址は臨済寺大門の山上にて古墳断碑あり」とある。

京都今熊野の律宗泉涌寺五十五世明江珠顕律師（頼忠と号す。『泉涌寺維那私記』）は、『臨済寺本今川系図』に義忠の弟の一人として「頼忠〈遍照光寺〉」が見える（頼忠の上に範勝ら三人が記されいるが、この三人は範忠弟の誤記）。

戦国時代、駿河国葉梨郷花倉（藤枝市花倉）に、泉涌寺の末寺遍照光寺が存在したが、明江珠顕はその寺の住持であった（後に本山泉涌寺五十五世に就任）。永正三年（一五〇六）正月二十八日、同国大津大草村（島田市）の末寺慶寿寺の建妙律師宛てた書下（慶寿寺文書）に「遍照光寺頼忠（花押）」と署している。慶寿寺は明江珠顕が今川家先祖範氏の菩提寺として創建した寺院と推定される。

義忠の従兄弟に新五郎範満という人が居る。範忠の弟与五郎範頼の嫡子で、文正元年（一四六六）六月三日の足利義政御内書（『続群書類従』武家部「御内書案」）に、「去年以来、上椙治部少輔（政憲）に同心し進陣せしむる旨、聞こし食さるるの条、誠に以て神妙に候。いよいよ戦忠を励まるべきなり」とあり、「今川新五郎とのへ」宛てられているが、これは範満が堀越公方の重臣上杉政憲の関東への出陣に従軍した時のものである。なお、この出陣中範満は伊東伊賀入道（祐遠）に宛てて「長々乱中迷惑と推量致し候」云々と、その在陣を労《ねぎら》う書状を六月二十七日に出している（伊東文書、差出者名「範満（花押）」）。

その範満は義忠討死後、義忠の嫡子竜王丸があまりにも幼少（三歳）であることに不安をいだいた家臣たちに持ち上げられ、今川家名代として立ったが、竜王丸が成人してもその座を下りなかったため、長享元年（一四八八）竜王丸派によって討たれてしまう（後述、「戦国期 一 修理大夫氏親」の項）。

戦国期

今川氏系図

女子 正親町三条実望室（北向）
竜津寺殿仁齢栄保大姉

氏親（竜王丸）
五郎　修理大夫　紹貴
増善寺殿喬山紹貴大禅定門
大永六年六月二十三日没五十四歳
※妻　中御門宣胤女　寿桂尼
竜雲寺殿峰林寿桂大禅定尼
永禄十一年三月二十四日没

- **女子** 吉良義尭妻
  徳蔵院殿芳山春公大姉
- **氏輝**（竜王丸）
  五郎
  臨済寺殿用山玄公大禅定門
  天文五年三月十七日没二十四歳
- **女子** 中御門宣綱室
- **玄広恵探**（東栄）
  遍照光寺殿玄広恵探大徳
  天文五年六月十四日没二十歳
- **女子** 瀬名貞綱妻
  竜泉院殿光巌瑞国大姉
  元亀二年九月八日没

女子 北条氏康妻〔瑞渓院〕
瑞渓院殿光室宗照大姉
天正十八年六月十二日没

義元
〔承芳〕五郎　治部大輔
天沢寺殿秀峰宗哲大居士
永禄三年五月十九日没四十二歳
※妻　武田信虎女
定恵院殿南室妙康大禅定尼
天文十九年六月二日没

□□
彦五郎
定源寺殿寂庵性阿弥陀仏
天文五年三月十七日没

氏真（竜王丸）
五郎　上総介　宗誾
仙巌院殿機峰宗俊大居士
慶長十九年十二月二十八日没七十七歳
※妻　北条氏康女　早川殿
蔵春院殿天安理性禅定尼
慶長十八年二月十五日没

女子 武田義信妻
嶺寒院殿松誉貞春禅定尼
慶長十七年八月十九日没

一　修理大夫氏親

戦国大名今川氏親の誕生

今川氏親は文明五年（一四七三）の生まれで、父は駿河守護今川上総介義忠、母は幕府申次衆伊勢備前守盛定の女。幼名を竜王丸と云う。生年の文明五年は、静嘉堂文庫所蔵『永正十一年五月十三日浅間千句』に「氏親、干レ時修理大夫、ことし四十二とせの祈のために当社新宮にして」とあるので、それからの逆算である。この時父義忠の年齢は、永享八年（一四三六）生まれとする『宗長日記』の記述が正しいとすると三十八歳であったことになる（後に北河殿とよばれた母親の年齢は不詳）。

文明七年春、父義忠が遠江へ出陣しての帰途、同国城東郡高橋郷（菊川市高橋）塩買坂において一揆の流失で重傷を負い、その地で没してしまった（『今川記』、『今川家譜』はこれを文明十一年二月十九日とするが十一年は七年の誤写であろう）。この時、竜王丸は僅か三歳の幼児にすぎなかったため、名代を立てなければという家中の声に推されて、義忠の従兄である新五郎範満（子孫は小鹿氏）が駿府（以下駿河府中を駿府と云う）の守護屋形に移った。そのため竜王丸母子は屋形を出て、駿河山西《やまにし》（駿河国の西部を云う。宇津ノ山の西）小《こ》川《がわ》（焼津市小川）の法永長者（長谷川次郎左衛門尉正宣）の許に身を寄せたが、範満の屋形入りを承服できない家臣たち（竜王丸派）は屋形への攻撃をはじめ、また国内所々で両派が衝突した。

そうした所へ竜王丸の母の弟伊勢新九郎入道早雲（入道早雲は後の名）が現れ、範満に加勢するため駿府に出張して来ていた相模守護扇谷上杉修理大夫定正の家宰太田左衛門大夫（左衛門入道道灌。名乗不詳）に参会して調停に乗り出した。その結果「後ニハ（竜王丸成長の後カ）」範満が隠居して竜王丸に家督を渡すということになり、竜王丸母子は法永長者屋敷を出て、駿府西方の内谷《うつのや》郷丸子（静岡市駿河区丸子）に建てられた新たな屋形に移り時の来るのを待つことにした。以上は『今川家譜』による推移である。

しかしもう一方の今川伝記『今川記』には、範満は登場せず、義忠討死後、主人（竜王丸）幼少のためこれを軽んじた今川一門・老臣が二つに分かれ対立し合戦を繰り返したため、伊豆から上杉治部少輔政憲（掘越公方足利政知の側近）、関東から太田左衛門大夫が出張して来て、「狐か崎・八幡山」に陣取り、調停に乗り出したがまとまらず困っていると、そこへ竜王丸の母の弟「伊勢新九郎長氏」という者が現れ、このままでは今川家の滅亡にもなりかねないのでまずは避難している竜王丸を屋形へ呼び寄せたいと提案し、両将も納得し対立していた両陣営もこれを受け入れた。こうして小川の法永長者の許から竜王丸が駿府に迎えられたとある（竜王丸母子が丸子に住んだという記事はない）。

この家督争いの『今川家譜』と『今川記』の記述に共通する扇谷上杉定正の家宰太田左衛門入道道灌の駿河出張であるが、これは太田道灌状（松平文庫本）に「道灌は駿州に向かう、今川新五郎殿合力の為」とあり、それは範満が扇谷上杉氏の縁者であったからであると『鎌倉大草紙』にある。しかし範満の祖母が扇谷上杉氏あったことは確かと思われるが、果たして母や妻の出自も扇谷上杉氏であったのであろうか。それについては明らかでない。

また、両書共に伊勢新九郎（実名は盛時という）が突然現れたような書き方をしているが、新九郎の父である幕府申次衆備前守盛定（入道正鎮）は、かつて幕府（特に政所執事伊勢氏）と今川義忠との取次をしていて

（親元日記）、新九郎の駿府下向は父盛定に代わって幕府の意向を伝え内紛を収めるためであったらしい（家永遵嗣「塩貝坂合戦の背景」『戦国史研究』第35号）。ただし『相州兵乱記』や『豆相記』などの早雲（伊勢宗瑞）伝には、新九郎が今川家内訌を調停したという記述は見られない、これはどうしたことであろうか。

　さて、和談後竜王九母子が丸子に住んだとする『今川家譜』の記述は、同時代の人である連歌師宗長の『宇津山記』（永正十四年＝一五一七成立）に「十とせさき十とせあまり、大守（氏親）此の山のうち（宇津山↓丸子）にをくらせ給ひ」とあるので、『今川家譜』のそれに続く「歌道ハ代々好ミ玉ヘトモ、〔竜王丸↓氏親〕とりわけ此道ニ達シ、兵法馬水練モ勝レタリ、譜代面々深ク此人ニ傾キケレハ、伊勢新九郎入道大ニ悦ヒ、窃ニ今川譜代ノ族ヲ催シ御館ヘ攻入ケル間、新五郎殿并小鹿孫五郎ト共に防戦、終ニ不叶シテ二人共ニ生害有シカハ、氏親ハ丸子ヨリ御館ニ移玉フ」とあるのを史実と見たい。

　竜王丸成長の暁には範満が隠居するという約束はその時期が来たとしても果たされる様子はなかった。それは範満の背後に太田道灌がいたからである。当時、道灌の存在は大きく、扇谷上杉氏が関東管領である山内上杉氏に対抗できたのは、文武を兼ね備えた名将として知られていた道灌が家宰を務めていたことによる。ところが、竜王丸が十四歳になった文明十八年七月二十六日、道灌が主君上杉定正の命によって謀殺されてしまうという事件が起き、範満は大きな後盾を失なった。

　伊勢新九郎に率いられた竜王丸派が駿府の守護屋形を襲い範満を倒したのは、太田道灌の死の翌年、長享元年（一四八八）であろう。それは駿河国入江庄別府郷村松海長寺（静岡市清水区村松に所在）住持日海の『日海記』に「長京（長享）年中、日正之代の時、当国一乱の刻、矢部一類屋形の敵に成り滅亡し畢わんぬ」とあり、長享元年十月二十日、竜王丸が同国大津庄東光寺（島田市東光寺に所在）に次のような黒印状を出しているからである。

今度御宿願に就き、東光寺給主諸公事等、悉く先々の旨に任せて差置かれ候。同じく山屋敷境まで、諸給主其の分たるべし。若し此の上違乱の族有るに於いては、大衆速やかに急度注進申さるべく候。堅く御成敗有るべき者なり。仍って執達件の如し。

長享元年丁未

十月廿日　　　　竜王丸（印）

東光寺

（東光寺文書）

これは氏親発給の初見文書であり、冒頭に「今度御宿願」とあるのは、この年九月の将軍足利義尚が寺社領などを押領している近江半国守護六角高頼を討つため近江に出陣するが、その名目「寺社領回復」を受けたものであるという。この時申次衆であった新九郎は義尚の近江出陣を竜王丸派の範満襲撃の機会であると捉え、義尚に願い出てその許しのもと駿河に下ったと考えられるのである。なお、文明十一年十二月二十一日、竜王丸は将軍足利義尚の父である室町殿義政から「亡父上総介義忠遺跡所領等の事、譲状の旨に任せて、今川竜王丸相続領掌相違有るべからずの状」という御判御教書（今川家古文章写）を得ていた。

範満を打倒して竜王丸を今川家当主の座に就けた伊勢新九郎盛時は、駿府が平静になると京都へ戻った。『北野社家日記』延徳三年（一四九一）五月七日条によれば、北野社（北野天満宮）松梅院禅予がこの日将軍足利義材に唐餅・山芋・海苔を贈ったが、その時盛時が申次として応対している。そして再び駿河に下るが（明応元年＝一四九二ヵ）、以後上洛すること無く、明応三年（一四九四）までの間に入道して早雲庵宗瑞と号した。

以下新九郎盛時のことを伊勢宗瑞と表記する。

こうして名実ともに今川家当主の座に就いた竜王丸であるが、どうした訳かその元服は遅れ、十九歳になった延徳三年五月六日の幕府奉行人連署奉書写（北野社家日記延徳三年八月十日条所収）でも「今河竜王殿」となっていて、元服後に出された確実な初見文書は、明応四年（一四九五）十二月二十五日の浅間新宮・総社社人東流大夫宛今川氏親判物写（判物証文写今川三）であるので、（この年二十三歳）、この間に元服して五郎氏親と名乗ったことはわかるがその年を特定できない。ここでは二十歳になった延徳四年（一四九二、七月十九日改元明応元年）元服したと推定しておく（なお、見性寺所蔵文書の中に、長享三年（一九八四）正月吉日の今川氏親判物写があるが、『建穂寺編年』所収のものには「氏親（花押）」という署名は見られず、この文書は元服前の署名の無い黒印状であったと思われる）。

さて元服して「五郎氏親」となった氏親は隣国甲斐武田氏の内紛に干渉して、明応元年（一四九二）九月甲斐国に出兵したらしく、『塩山向岳禅庵小年代記』や『王代記』に「駿河勢出張」「駿河衆乱人」などとある。また翌二年伊勢宗瑞が伊豆の堀越御所に足利茶々丸（堀越公方故政知の子）を襲撃したが（『妙法寺記』など。茶々丸は逃亡）これは氏親との協同作戦であったようであるが（『今川記』）これも詳しいことはよくわからない。

遠江への侵攻

明応三年八月、宗瑞は遠江に乱人して原田庄（掛川市本郷などその一帯）で戦闘を繰り広げていて、その巻き添えで住んでいた寺を焼かれてしまった同庄寺田郷（同市寺島）円通院の住持松堂高盛は「明応甲寅秋中の頃、平氏の早雲は、軍兵数千を引率して、当州三郡に乱入、高城を推落し、官軍を殺戮す。狼煙は天に亘り、民家を焼却すること、それ幾千万かを知らず」とその語録『円通松堂禅師語録』（巻第三）に記している。

早雲の遠江乱入は遠江の勢力が茶々丸を支援するのを牽制するためであるが（かつて堀越公方府の軍事力を遠江の軍勢が担っていた）、この乱入によって、遠江の守護や国人等の勢力がそれほどでもないことを知った氏親は、遠江に進出することにした。これを察知した佐野郡山口郷奥野（掛川市大野）の長松院は、直ちに氏親に禁制の下付を願い出たのであろう。明応五年（一四九六）七月十八日「当寺長松院に於いて、甲乙人等濫妨狼籍せしめば、速やかに厳科に処す者なり」という氏親の禁制が出ている（長松院文書）。

なおこの二カ月後の九月十日、長松院の所在する佐野郡山口郷一帯を知行していた川井蔵人成信が討死している（『円通松堂禅師語録』巻第四）。長松院の『当院開基河井宗忠公事蹟略記』（遠江資料集所収）によれば、川井成信を倒したのは成信と所領が接していた鶴見播磨守であったという（鶴見氏はその後今川家臣となり『朝比奈文書』永禄十二年正月二十八日の徳川家康判物によれば、佐野郡東部から榛原郡中部にかけての地を所領としていたことが知れる）。これは斯波一族と思われる上野介寛親の書状（古文書纂所収六月十六日付け書状）に「遠州の儀、故なく駿州今川方競望、（中略）被官人不慮の取り合い」とある今川氏の遠江侵攻前後の混乱の中での国人たちの争いであったのかも知れない。

氏親の遠江侵攻は明応六年（一四九七）に始まったと推測される。それは『宗長日記』に「義忠帰国途中の凶事、廿余年にや氏親入国」とあることによる。つまり氏親の遠江入国は義忠討死の二十余年後、義忠の討死は文明七年（一四七五）であるから二十年後は明応五年、よって二十余年後は明応六年以降ということになり、同七年十一月十三目の孕石殿宛今川氏親判物（孕石文書）に「去年（丁巳）原要害に於いて忠節」とあるからである。明応六年に開始された氏親の遠江への進出は、先ず原田庄の原氏を降し味方とし、同八年正月十九日、豊田郡中泉郷（磐田市中泉）の府八幡宮に「当国羽鳥庄内貴平地頭職の事。右、先規の如くこれを還附奉り了わんぬ」という判物（秋鹿文書）を出しているように、二年後には天竜川付近まで勢力を拡げるに至っている（羽鳥庄貴平郷↓浜松市東区貴平町）。

これに対して斯波義寛は翌年の明応九年（一五〇〇）三月、弟の又治郎義雄・弥三郎寛元らを遠江に出張させると共に、信濃国伊奈郡島田郷松尾城（飯田市松尾の松尾城址）の小笠原左衛門佐定基に加勢を要請。その要請はまた同国筑摩郡深志城（松本市の深志城址）の小笠原右馬助貞朝にも出されたらしく、貞朝は八月遠江に出張して来て、豊田郡二俣城（浜松市天竜区二俣町の二俣城址）に入った（勝山小笠原文書。谷口雄太「戦国期斯波氏の基礎的考察」『年報中世史研究』第三九号）。

そして翌文亀元年九月から戦いが始まり、斯波・小笠原の軍勢が今川方の山名郡蔵王城（袋井市鷲巣の久野城址）や馬伏塚城（同市岡山の馬伏塚城址）などを攻撃した（本間文書）。しかし十一月貞朝が帰国してしまうと斯波軍も遠江から撤退を余儀なくされたようである（勝山小笠原文書）。『宗長日記』に、朝比奈「備中守泰熙、当国にをきて粉骨戦忠の次第、社山に左衛門佐殿（斯波義雄ヵ）在城、配流をもつて二俣の城へ退け、則、尾張国当国牢人等、あしを空にしてかくるる所なし、信濃・三河の国のさかひまで手裏にしたがひ」とある（社山↓磐田市社山）。

『宗長日記』は続けて「又、河西村櫛堀江下野守数年の館、（中略）早雲庵・備中守相談せられ当国諸軍勢うちよせ、両三日に落居す。浜松庄〈吉良殿御知行〉奉行大河内備中守、堀江下野守にくみしてうせぬ」。つまり、村櫛庄堀江城（浜松市北区舘山寺町の堀江城址）の堀江下野守はその後も、浜松庄引間城（同市中区元城町の浜松城址）の大河内備中守貞綱と組んで抵抗を続けたが、翌二年秋今川勢に城を攻略され没落したというのである（御感状之写幷書翰。朝比奈文書）。

こうして氏親による遠江制圧は一応成ったが、その後も斯波氏や大河内氏の抵抗は再発し、遠江を完全に領国化するに至るのは十数年後を待たなければならなかった。『宗長日記』には更に続けて「其刻、飯尾喜四郎賢連、吉良より申下され、しばらく奉行とす」とする。これはこの遠江争乱の後始末として浜松庄の領主吉良治部大輔義信が、大河内貞綱に替えて飯尾善四郎（のち善左衛門尉）賢連を代官としたということである。（賢連および弟善六郎為清は後に今川家臣となる。ちなみに飯尾氏の苗字の地は阿波国麻植郡飯尾→飯之尾村）。したがってその後再発した貞綱の抵抗は吉良義信の支配を離れた独自のものであったと考えられる。つまり貞綱が自立しようとしたのであろう。

関東出陣・結婚

永正元年（一五〇四）九月氏親は、相模守護扇谷上杉治部少輔朝良に加勢するため早雲と共に出陣して武蔵国多摩郡立河原（東京都立川市）において、関東管領で伊豆・武蔵・上野守護山内上杉四郎顕定の軍勢を撃破し、鎌倉鶴岡八幡宮に「鶴岡宮中に於いて、当手の軍勢甲乙人等、濫妨狼藉致すの事、右、違犯の族有らば速やかに罪科に処すべき者なり」という禁制を掲げた（鶴岡八幡宮文書）。このことに就いて氏親に随従した連歌師宗長は『宗長日記』に次のように記している。

永正元年九月初に、鎌倉山内・扇谷〈号両上杉・山内管領職〉鉾楯。扇谷は早雲一味、河越・江戸。山内は上戸・鉢形。いづれも合戦すべきになりて、むさし野にもあまる計成べし。坂東路三里ばかり、敵退におよばず、味方すすむにあらず。十余日相支て注進あり。氏親、九月十一日俄進発。十三日備中守・福島左衛門尉、駿遠両国軍勢逐日出陣す。同廿日、廿一・二日、早雲の陣益形着陣。敵退やと見えき。をひすがひ一夜野陣。明る辰刻ばかりの朝霧のうち、むさし野も深山のやうに、敵味方の軍兵みえけるとなり。凡、電雷のごとし。午剋計、馬を入あひ、数刻の合戦。敵討負て本陣立川に退。其夜、行かたしらず二千余、討死・討捨・生捕・馬・物の具充満。一日一夜有て、大将修理大夫氏親、同十月四日鎌倉まで帰陣。一日逗留。豆州熱海湯治一七日、韮山二・三日、陣労休られ帰国ありしなり。其時三島明神に立願申侍し。則、神前にして、同十日より三日に千句独吟。発句題四季。第一、

たなびくや千里もここの春がすみ　　氏親

青柳やかげそふ三島木綿かづら　　宗長

早雲と扇谷上杉家は、先代修理大夫入道範亭（定正）の代の明応三年（一四九四）秋から同盟関係にあった。内閣文庫所蔵『石川忠総留書』に「明応三寅甲年七月廿一日、上杉同名再乱のはじめ。八月十五日関戸要害没落。九月十九日相州玉縄要害没落、矢野右馬助討死、伊勢入道宗瑞越山。同廿八日当国久目川着陣、範亭と宗瑞はじめて対談。十月二日両陣すすミ高見〔原に陣取り〕、顕定と荒川をへだて対陣す。同三日（五日なるべし）範亭・宗瑞両陣打立、川を渡らんとする処に、範亭落馬して頓死軍敗れる」と記されている。範亭の跡は朝良が継いだ。

関東から駿府に帰った氏親は中御門宣胤の女《むすめ》（南殿のちの寿桂尼）との縁談が薦められ結婚に至ったのであるが、結婚の時期について米原正義『戦国武士と文芸の研究』（桜風社昭和51年刊）第六章「駿河今川氏の文芸」に次のようにある。

寿桂が氏親の室となったいきさつについては確証をえない。その年次は永正五年と云われるがそれは想像であって（足立鍬太郎「今川氏親と寿桂尼」）、恐らく永正二年であろうかと思う。「宣胤卿記」永正元年六月十九日条に「自駿河使上」とあり、七月廿日条に「自駿河使瓫祝言五百疋上之」と見え、氏親と宣胤との交流が推される。ついで三十日条に「自駿河使為一宇之助成金、十両一枚上之」とあり、八月廿日条には使僧の下国につき、氏親の母に杉原廾帖・帯十筋・上臈方に帯五筋、使僧に百疋遣わしたとある。八月二十五日宣胤は実望、その女房衆、冷泉為和その他多くの人々とともに智福院において酒肴を儲け、この席で始めて北向に対面している。この酒宴は今川・中御門両家の顔見せの宴と受取られる。さらに「宣胤卿記」をみると、十月十四日条には「駿河聖下」とあり、永正元年秋以降両家の交流が急激に親密度を加えている。永正二年は欠本である。三年になると、八月十九日、十一月九日、十二月二十五日、四年には七月十二日、十六日の各条に交流が見られる。かれこれ綜合すると、寿桂が氏親に嫁いだのは、欠本に当たる永正二年ではあるまいか。

米原氏は永正二年（一五〇五）と推定しているのである。なおこの記述から、この結婚は正親町《おおぎまち》三条実望（中納言）と、その妻である北向の仲介によるものであることがうかがわれる。

北向というのは氏親の姉の結婚後の呼称であるが、その姉が実望に嫁いだのは、『実隆公記』文明十九年正月五日条に「羽林今日坂本に下向され、今夜婚礼」とあるように文明十九年（一四八七、七月二十日改元長享元年）であった。

三河への進攻

永正三年（一五〇六）と推定される九月二十一日の小笠原定基宛伊勢宗瑞書状（早雲寺文書）に「田原弾正合力の為、氏親罷り立たれ候。拙者も罷り立ち候」とあるように、この年の秋、氏親は田原弾正（戸田弾正忠憲光）の加勢として三河に出陣した。当時の三河は、将軍足利義澄方の松平氏（額田郡岩津城・安城城）・牧野氏（宝飯郡今橋城）と、前将軍足利義尹（初め義材のち義植）方の戸田氏（渥美郡田原城）などが有力で、義尹と近しい吉良義信も西三河南部に隠然たる勢力を有していたといわれる。

氏親は明応二年（一四九三）、将軍義澄（当時は義高）の要請に応じて、宗瑞と共に堀越公方政知の子茶々丸を襲撃している（『妙法寺記』など）ように義澄派であった。しかしここに見たように義尹派の戸田氏を支援したということは、ここへ来て義尹派に鞍替えしたということになる。それは文亀年間の遠江における氏親と斯波氏との戦いの時に、義澄を擁する管領細川政元の側近で外交を担当した赤沢々蔵軒宗益（朝経）が、氏親に敵対している斯波義寛への支援を松尾の小笠原定基に要請をするというようなことを行なっている（勝山小笠原文書）。それがその要因ではなかろうか。（ちなみに赤沢氏は小笠原氏族であり、宗益は細川政元に仕える前から小笠原氏や斯波氏と関係があったらしい）。またこの頃、将軍義澄が斯波義寛の女《むすめ》を妾（義維の母）としたこと（『二水記』。谷口雄太氏前掲論文）も氏親が義澄から離れた理由の一つであろう。

氏親の離反を嘆く足利義澄が、民部卿冷泉為広に宛てたと思われる日付、差出者名を欠く書状写がある。宛名が「民部卿殿」となっているので、永正三年十一月から同五年四月の間に出されたものである。

先日の向顔怡び入り候。さて去年にて候しか、今河五郎（氏親）・伊勢新九郎入道（宗瑞）かたへ書状をつかハし候処、新九郎人道は追て礼を申すべきよし申し、五郎ハ返答あたわず候。西国辺（足利義尹のことヵ）申し合わせ候間、如何の由申し候哉、内儀に候。今川事、勝幢院（堀越公方足利政知）・東山殿（足利義政）へも申し入れ、別して近年迄も等閑なく候つるに、此の如き事は本意に非ず候。然れども打ち過ぎ候事に候。所詮重ねて自然の時は、忠節致され候は、本望たるべきの由、申し下され度候。三条相（正親町三条実望）一けふ（一驚ヵ）候たる由に候。伝言有るべく候。大夫（管領細川政元）浮世の躰　憑み難き躰に候。此の書状披見以後は早これを破り（以下余白、一尺余り後に宛名）。

（伊予古文書三十九所収岩崎一馬氏所蔵文書）

この頃、義尹は周防の大内義興の許に退避し、入京のため諸国に兵を募っていたので、氏親は戸田憲光からの支援要請に応じることで義尹と接近し誼を通じようとしたのではなかろうか。

八月、三河へ進攻した今川勢は先ず戸田憲光と対立する牧野古白の居城今橋城（豊橋市今橋の吉田城址）への攻撃を開始した。九月二十一日付け伊勢宗瑞書状（早雲寺文書）に「今橋要害悉く引き破り、本城堀崖に至り陣取り候。去る十九卯刻に城端に押し入り乗っ取り候、爰元急度落居候」とあるが、城が落ちたのは十一月三日であった。この日古白が自害した（大阪天満宮文庫所蔵「宗長独吟牧野古白一周忌追悼経文連歌」）。永正七年三月二十日の本間宗季軍忠状写（本間文書）に「三州え福島玄蕃允、助春代として罷り立ち候時、同心せしめ候。其の後御進発の刻、御供仕り、今橋城攻めに百余日忠功を尽くし候。同じく石巻城に於いて渋谷同前六十余日粉骨、其の隠れ無く候」という一条がある（石巻城はそこに在城して後詰めしたということか）」。

こうして氏親は戸田氏と対立する牧野氏を討ち今橋城を手に入れ吉田城と改めたが、氏親の三河進攻は牧野氏だけではなく松平氏もその対象であった。それは八月五日の奥平八郎左衛門入道（道閑）宛今川氏親書状写

(松平奥平家古文書写)に「其の国合力の為、来る十六日諸勢差越すべく候、田原と申し合わせ、抽きんでて其の働き肝要に候。(中略)此の方の勢衆逗留の内に、細川に一城取り立て、上野通路相違なき様に調談専一に候」とあることから明らかである。奥平八郎左衛門入道は設楽郡作手郷(愛知県作手村)の領主であり、その八郎左衛門入道に東三河北部と西三河を結ぶ街道の通過する額田郡細川郷(岡崎市細川町)に城を取り立て上野郷(豊田市上郷町)への通路を確保せよと命じていることは、松平氏(当時の宗家は岩津松平氏)を背後から攻めようとするためであろう。

『朝野旧聞裒藁』が引く「三州本間氏覚書」には「永正三年信忠公御代、今川氏親三州に働キ、東三河今橋に取懸合戦、城主牧野古白討死、今橋ハ後に吉田と云、氏親御手に属す。直ニ西三河、山中・明大寺山・矢作方にて合戦。此時桑子明眼寺扱ひ和談に成、松平御家今川之御旗本に被《なら》レ為《せら》レ成《る》」とあり、岡崎市桑子町の妙源寺には、永正三年十一月十五日「明眼寺」に宛てた「当寺に於いて軍勢濫妨狼籍の事。右、違犯の輩に至っては厳科に処せしむべくの所、件の如し」という今川氏親袖判の据えられた禁制が伝えられている。なお、この松平氏攻撃によって岩津松平氏が没落し安城松平氏が台頭したと見られている。

閏十一月七日、一連の戦いを主導した伊勢宗瑞は、幡豆郡吉良庄巨海郷(西尾市巨海町)の巨海越中守に次のような書状を送っている。

今度氏親御供申し参州へ罷り越し候処、種々御懇切、上意共に忝く存じせしめ候。然れば氏親御本意を得られ候。我等に至っては満足せしめ候。此等の儀申し上ぐるべき候処。遮って御書誠に辱く存じせしめ候。斯の如き趣、猶、巨海越中守方へ披露申さるべく候由、御披露に預かるべく候。恐惶謹言。

閏十一月七日　宗瑞(花押)

巨海越中守殿

（徳川黎明会所蔵文書）

宛名は巨海越中守となっているが、その主人吉良義信に宛てたものであり、「氏親御本意を得られ候」とあるように氏親の三河進攻は一応の成果があったことがわかる。つまり在京する義尹派吉良氏と役割分担して今川氏が軍事行動を起こしたということであろう。

遠江守護就任と遠江平定

永正四年から翌五年にかけて中央ではまた大きな動きがあった。四年六月管領細川政元が養子の澄之に殺され、その澄之が八月もう一人の養子高国に殺されるという事件が起こり、五年六月八日、足利義尹が周防・長門などの守護大内左京大夫らを従えて入京、翌七月朔日再び征夷大将軍に任ぜられた（前将軍足利義澄は義尹の入京を恐れて去る四月近江に逃れた）。その直後、氏親は義尹から遠江守護に補任された。『続群書類従』武家部「御内書案」に次のような足利義尹御内書写が収められている。

遠江守護職の儀に就いて、太刀一腰・馬一疋・鳥目万疋到来候い訖わんぬ。目出《めでたく》候なり。

永正五　七月十三日

今川何ゝゝとのへ

氏親が遠江守護に補任された御礼として鳥目万疋（銭百貫文）を贈ったのに対する将軍の礼状である。この文書は『大館記』所収「永正御内書御案文」では、宛名が「今川修理大夫とのへ」となっているが、氏親が従四位下修理大夫に任ぜられるのはもう少しあとであるらしい。それは『実隆公記』永正六年十一月十日条に「今川五郎氏親送書状、黄金三両恵レ之」とあり、修理大夫の官途は、同八年四月二十九日の日付のある時雨亭文庫所蔵『小野宮殿集』の奥書に初めて見られるからである（今川修理大夫氏綱所望遣者也。干レ時永正八年四月廿九日）。

永正七年春ごろから、前遠江守護斯波義寛（永正十年没）の子治部大輔義達の侵攻が始まる。この遠江回復を目論む斯波義達に、井伊谷（同町井伊谷）の井伊次郎（実名不明）が協力し浜松庄引間城（浜松城址の前身）に拠る大河内備中守貞綱（吉良氏領浜松庄元代官）が加担、さらに田原の戸田憲光もこれに同辺（同調）したようである。永正七年と推定される三月十日の小笠原定基宛今川氏親書状に、

（上略）就中参州の儀、田原弾正兄弟数年此の方を憑み候の間、度々合力来たり候処、近日敵に同辺せしめ候。前代未聞に候哉。其に就き一行成すべく所存に候。毎事御等閑無く候わば本懐為るべく候。何様重ねて申し述ぶべく候。委曲の旨、瀬名申せしむべく候。恐々謹言。

三月十日　源氏親（花押）

謹上　小笠原左衛門佐殿

（勝山小笠原文書）

とある。文中「敵」とあるのが斯波義達であろう。ちなみに、この書状の副状と思われる三月二十三日の小笠原定基宛瀬名一秀書状（同上）には「我々も二俣城お（を）取立て候」とある。

同年十一月、氏親は遠江懸川城に入り、朝比奈備中守泰熙らを引間城に向かわせた（大沢文書）。三河渥美郡常光寺の『定光寺年代記』によれば、攻められた大河内貞綱は城から退去したが、その途次城の西、富塚郷広沢の普済寺に火を掛けて焼失させてしまったという。また伊達忠宗軍忠状（駿河伊達文書）には「武衛様御

陣所度々火事之事、永正七年十二月廿八日夜、一、まきの寺御陣所火事にて花平へ御移り候」とあり、義達が「まきの寺」（所在不詳）から花平（引佐郡、浜松市北区引佐町花平）へ陣所を移している。

この戦いは年が明けても繰り返され、三方原（浜松市北区三方原町一帯）や村櫛（同市西区村櫛町など）などで、今川軍は斯波・井伊・大河内の連合軍と度々衝突した（同上・飯尾文書）。そして十年に入り大河内貞綱が降伏してようやく終息したようである。『宗長日記』は「大河内備中守、おほけなきくはたて、浜松庄に打入、引馬にして、当国牢人等百姓以下を楯籠らす。則、発向、今度は悉寺庵在家放火、大河内及二生害一処、されとも吉良殿御代官につきて懇望、先以免せられ各帰陣」と記している。これに関わる吉良義信から氏親に宛てた書状がある。

「永十卯参到来　修理大夫殿 後返報 義信」

大河内備中守働きに就き、仁体を差下すべくの由度々示し給わり候、辞し難しの条、荒河播磨入道に申し付け候。下着の御使然々の儀に候。仍って浜松庄の内、国・本所の事、成敗任すべくの由承り候。先ず以て祝着に候。時儀に於いては播磨入道の所へ申し候間、省略せしめ候。恐々謹言。

三月廿八日　義信（花押）

修理大夫殿 御返報

（竹内文平氏所蔵文書）

しかし、斯波義達は井伊氏の深岳城（浜松市北区引佐町三岳の三岳城址）に居座っていたので、氏親は再び遠江に出陣して、引間城の東北一里余り位置する笠井庄市野郷（浜松市東区市野町）の楞厳寺に陣取り、朝比奈弥三郎泰以が斯波義達・井伊次郎の立籠る深岳城を陥れ、義達を尾張に退却させた（宗長日記・重編応仁記はこれを永正十年とする)。

永正十二年十二月、甲斐守護武田五郎信直(後に信虎と改名)と同族の巨摩郡大井庄上野城(南アルプス市上野の上野城址)の大井次郎信達との争いが勃発し、氏親は大井信達を援けてこの乱に介入、翌十三年九月信直方を攻撃した(『王代記』・『妙法寺記』・『高白斎記』)。この戦いは初め今川方が優勢であったが、今川方に通じていた甲斐国人たちが寝返ったため、永正十四年になると八代郡上曽祢郷の勝山城(中道町上曽根の勝山城址)に入っていた今川軍は孤立無援の状態に陥ってしまった。

そのため氏親は正月二十六日、連歌師宗長を甲斐に遣わし一カ月余りにおよぶ交渉の末、信直と和睦し、三月二日撤兵した(『宇津山記』)。氏親が信直との和睦を講ずるに至ったのは、今川軍の甲斐出兵の隙を衝いて斯波義達がまた大河内貞綱と組んで引間城に立籠り蜂起したからである。

永正十四年六月、天竜川を越えて引間城に迫った今川軍は、安部(安倍)山の金堀に城中の筒井を悉く堀崩して八月十九日遂にこの城を攻落とした。貞綱はじめその弟巨海新左衛門尉成綱(大河内系図)らは討死し、降参した義達は城下の再建された曹洞宗普済寺において出家させられ尾張に送り返された。

その様子が『宗長日記』に次のように記されている。

明る夏五月下旬、彼城に打向はる。折節洪水大うみのごとし。

船橋をかけ、船数三百余艘、竹の大縄十重廾重、只陸地に似たり。此橋のいはひとて、千句あり、発句。

水無月はかち人ならぬ瀬々もなし

いまおもへば、みなかち人のわたりかなと申べかりけり。敵、河のむかひにうちいで、射矢雨のごとし。数万の軍兵やすやすとうちわたり、敵は則引入ぬ。敵の城六つ七つ、めぐり五十余町の内おひこめ、六月より八月まで責らる。城中そこばくの軍兵、数日をへて、八月十九日落居。安部の金堀をして、城中の筒井悉堀くづし、水一滴もなかりしなり。大河内兄弟父子、巨海・高橋其外、楯籠傍輩数輩、あるは討死、あるは打捨、あるは生捕、男女落行体目もあてられずぞ有し、武衛又子細ありて出城、ちかき普斎寺と云会下寺にして御出家。伴の人数おのおの出家。尾張へ送り申されき。

この引間城落城を以て氏親の遠江平定が成った。明応六年遠江へ軍を進めてから実に二十年、長い道のりであった。

甲斐国への出兵・敗退

大永元年（一五二一　永正十八年八月二十三日改元）十一月、甲斐へ出陣していた駿河の軍勢が多数討死したと甲斐国の記録にある。その一つ『王代記』に「十一月廾三日申刻、上条合戦、駿州衆大死シテ帰。六百人討死」。また『塩山向岳禅庵小年代記』には「霜月廾三日酉刻、一条に於いて一戦、駿河衆背軍（敗軍ヵ）福島一類打死、其の外四千余人打死、残る衆は富田〔城〕に籠りて越年」とあり、『高白斎記』『妙法寺記』にも同様に記されている。

今川の軍勢は前に述べたようにこれ以前、武田氏の内紛の一方に加勢して二度ほど甲斐に出兵しているが今度の出兵は武田信虎（信直が大永元年四月左京大夫となり信虎と改名）が甲斐国を統一した翌年であるので、これまでの出兵と違い武田氏当主信虎への攻撃であったことは確かであり、それはおそらく戦国大名に成長した信虎が次に目指すのは、駿河でありまた関東であると見た氏親が先手を打った。しかし失敗に終わってしまったということであろう。

この出兵の経過を整理すると、福島氏（ただし名は不明）に率いられた今川の軍勢は、甲斐に入り巨摩郡南部の富士川筋の河内に陣を張り、九月大島（身延町大島）で武田の軍勢を破り、更に遡って戸田（南アルプス市戸田）の富田城（城址不詳）を攻落とした。ところがこれに続く十月十六日の山梨郡飯田河原の戦いでは百余人を討取られるという敗北の憂き目を見たのである（飯田河原は富士川支流荒川左岸、甲府市飯田町付近一帯）。そのため十一月十日拠点を八代郡上曽根郷の勝山城に移し、二十三日甲府（武田信虎の躑躅ケ崎館所在地）の西、巨摩郡島上条郷（甲斐市島上条）の上条河原で再び激突したところ、ここでも敗れ、六〇〇人を討取られるという大損害を蒙ってしまい、敗残兵は富田城へ逃げ込み、年の明けた大永二年正月十四日武田信虎と和睦して駿河へ退去したということになる（『遠山向岳禅庵小年代記』『髙白斎記』）。

不外上人の『遊行廾四祖御修業記』に「大永元辛巳九月下旬、甲斐国より亦また大乱に就き、太守信虎、後生一大事願い奉るべきの由懇望に依って、一条（一蓮寺）へ再住有り。そもそも国郡半ば過ぎ放火、然るに一蓮寺中その外相違なく扶持給いて、剰え駿河敗軍以後、死者をば導師をなし、存者をば三千余人囚となりしを智略をめぐらし給て、一人として恙なく帰国なしき」とあり、続いてその時の塔婆銘が記されている。そしてその後に、この卒塔婆銘を読んで感動した駿河の順石というこの戦いに従軍した禅僧からのこの銘に和した詩が付されていて、その中に「茲に前月廾三日鋒刃を摧く精舎の側竟に、駿陽福島一族、義を重んじ命を軽しめ戦死す。吁天乎命乎、（中略）福島氏は吾檀越なり」とある。

ちなみに不外上人というのは、遊行二十四代上人（永正十五年～同十七年）のことで、武田信虎は彼を一条道場一蓮寺（武田氏出身で遊行二祖他阿真教の弟子となった法阿が開いた寺）に請じていたのである（時宗本山藤沢山清浄光寺〈遊行寺〉は永正十年戦火により焼失してしまい、本尊は駿府の一花堂長善寺に移されていたが、不外はこれを一蓮寺に迎え入れ仏殿に安置し遊行寺再興を念じたのであるがそれは果されず、大永六牛豊後国において入滅したという)。

ところで『関八州古戦録』ではこの駿河勢の甲斐出兵を、遠州高天神城主福島上総介正成が自立しようとした私意によるものであるとしているが、福島上総介正成という人物の実在の徴証はなく、『宗長日記』大永七年条に「吉川次郎左衛門頼茂、淡路小守護の息、継母のにくみにて、宗長につきて罷下。牢人とも被官ともなくて、当国より甲州手楯の合力の人数にて討死。今年十一月卅三日、七年」とある記事から、これは福島氏が主導したとしても私意ではなく氏親の命令での出陣であることは間違いない。とはいえこれに関わる駿河側の史料が皆無であるのはどうしたことであろうか。なお武田との抗争はその後氏親の跡を継いだ氏輝の代にも再発している。

晩年の今川氏親

大永四年、氏親は眼の病気になった。そのため京都から名医清宮内卿法印を呼ぶことになり、上洛していた宗長に宮内卿法印を同道して帰国するようにとの命を伝える使者が発った。この時、宗長は駿河へ下国する途中で伊勢亀山（三重県亀山市）の城主関何似斎（盛貞）の許に居た。知らせを受けた宗長は亀山から度々人を京都に遣わして宮内卿法印の駿河下国を要請、これに応じた宮内卿法印が六月五日亀山に着いたので、翌々日七日同道して亀山を発ち十六日駿府に帰着した。そして治療の結果眼病は快方に向ったという（宗長日記）。しかし全快したのかは疑問で、氏親はこの頃から入道名「紹貴」を印文とした朱印状を発給するようになる。

ちなみに紹貴（紹僖）という法名であるが、明応某年（年を脱す九年＝一五〇〇なるべし）仲夏日（五月）

の無一長老（法系等不詳）の道号頌に「喬山号、紹貴居士徽号を称うることを需む、号《なづ》くるに喬山の二字を以てす」云々とあることから、青年の頃に受衣（禅宗における入門伝法）して与えられたものであることが知れるが（『増善寺殿法事記録』）、受衣の師は不詳。ただ氏親はその頃、武蔵国多摩郡前沢（東京都東久留米市大門）の浄牧院三世辰応正寅（性寅、遠江石雲院開山崇芝性岱の法嗣）に帰依して、駿河国安倍郡椎尾（静岡市葵区慈悲尾）に増善寺を建て、永正五年（一五〇八）、辰応和尚を迎えているので（『武州前沢浄牧院記』）、辰応が受衣の師であったのかも知れない。

さて、氏親の花押の据えられた文書は、大永三年十二月十九日の馬淵松千代宛（大宮司富士家文書）が最終であり、朱印状（印文「紹貴」）の初見は大永四年九月二十日の興津藤兵衛尉（正信）宛のもので（諸家文書纂所収興津文書）、紹僖と署名しその下に朱印（朱印文「紹貴」）を捺してある。そしてその後は朱印のみで、同六年六月十二日の大井新右衛門尉宛朱印状（七条文書）の印文は「氏親」なっていて、この文書は仮名混じり文であることから、寿桂尼が氏親に代わって発給したものと思われる。寿桂尼が氏親に代わってといえば、大永六年四月十四日、紹僖の名で出された相論裁決の目安とするべき条目も（後世、今川仮名目録とよばれる）、実質的な制定者は寿桂尼と老臣たちであろうと云われる。

氏親の没した翌年大永七年七月、朝比奈左京亮泰以に宛てた連歌師宗長の書状の中に「喬山も十ケ年先より御心も御中風気につきて、御成敗の様も、調儀の御思案も、いかにぞやと、承及候のみ候し」とあり（『宗長日記』）、氏親が永正十四年頃に脳卒中を起こし、命に別状はなかったものの「心も中風気」つまり鬱病に陥ってしまい、そのため施政にも乱れが生じていたらしいことがうかがわれる。氏親の病状の悪化を心配した寿桂尼および側近たちは、嫡子氏輝が未だ年少（十四歳）であることもあり、施政の公平を期すため、氏親と協議して「今川仮名目録」を作成した。このようにも考えられるという。

「今川仮名目録」は、譜代の名田のこと、土地訴訟のこと、若党・小者などの取戻しのこと、逃亡下人のこと、喧嘩のこと、土地売買のこと、借米のこと、借銭のこと、不入のこと、関所撤廃のこと、他国人とのこと、など三十三ヵ条から成っていて、末尾に、

　右条々、連々思当るにしたかひて、分国のため、ひそかにしるしをく所也。当時人々こさかしくなり、はからさる儀共相論之間、此条目をかまへ、兼てよりおとしつくる物也。しかれハひひき《（鼎）》のそしり有へからざる歟、如レ此之儀出来之時も、箱の中を《（より）》取出、見合裁許あるへし。此外天下の法度、又私にも自二先規一の制止は不レ及レ載レ之也

　　大永六〈丙戌〉年四月十四日　　紹僖在二印判一

と記されている。

これは戦国大名が制定した領国内の法規範「分国法」の一つで、先行には明応二年（一四九三）の「相良氏法度」があるが、それは相良氏が戦国大名化する以前もので、「今川仮名目録」は戦国大名としては最初のものである。

「仮名目録」制定二カ月後の六月二十三日、氏親は五十四年の生涯を閉じた（葬儀の時に大樹宗光が唱えた奠茶法語に五旬四歳とある）。葬儀は翌七月二日、椎尾の増善寺で行なわれ、増善寺殿喬山紹貴大禅定門と諡された。増善寺所蔵『増善寺殿葬儀之次第』に「龕《がん》は六方也。張物は青地の金襴也。同く龕の幡は唐錦也。蓋の上も青地の金襴也。（中略）龕昇は岡部七郎二郎・福島越前、御馬は興津藤兵衛、御太刀は朝比奈左京亮、紼《つな》は善徳寺御曹司、御位牌は花倉の御曹司、白衣の御供惣而七百六十七人也。大永六年丙戌六月二十三日。茶毘

は七月二日、於増善寺、如〻此執行者也」とあり、盛大な葬儀が行なわれたことがわかる。

なお、氏親の母北河殿は氏親より長生きし、氏親没三年後の享禄二年（一五二九）五月二十六日没し（享年不明）、駿河国安倍郡向敷地（静岡市駿河区向敷地）の徳願寺に葬られ、得願寺殿慈雲妙愛大姉と謚された（『駿河志料』巻二十六）。

二　五郎氏輝と玄広恵探

氏親嫡子氏輝

氏輝は永正十年（一五一三）、氏親の長男として生まれた。母は権大納言中御門宣胤の女（南殿のちの寿桂尼）である。時に父氏親は四十一歳。母の歳は不詳。幼名は父と同じく竜王丸。生年は『明叔録』（妙心寺派語録二所収）に、天文五年早世した時の年齢を二十四歳としているので、それからの逆算である。父母が結婚したのが永正二年頃であるのでかなり遅い出生である。母の年齢が若過ぎたのか、あるいは早世してしまって名の伝わらない兄姉があったのであろうか、しかしそうしたことを窺わせる記録は見当らない。
大永五年（一五二五）十一月二十日、氏輝は十三歳で元服した。『宗長日記』大永五年の項に、
十一月廿日、竜王殿御元服ありて、五郎氏輝。をのをの祝言馳走。例年にもこえ侍るとなり。同廿五日、彼祝言法楽連歌。発句、
霜とをしはつもとゆひのわかみどり

古今集聞書五冊、口伝切紙八枚、氏輝まいらせをき侍り。あとはかもなき事、恥敷《はずかしく》思はぬには侍らねど、氏輝廿にもあまり、此道いたりふかくならせ給ひて後、自見ありて、無用のものとおもひすて給はば、八人童子にあたへらるべけんや。

とあり、連歌師宗長が元服のお祝いとして『古今集聞書』と口伝切紙八枚を贈ったことがわかる。最後の八人童子は火のこと、火の字を分解すると八人となる（運歩色葉集）。すなわち氏輝が二十歳を過ぎて和歌の道を会得し、もうこういうものは必要ないと思ったら火に焼べてくださいということである。

このように氏輝は元服前から連歌や和歌を嗜み、大永五年正月二十五日の「宗長何木百韻独吟」（連歌集書六十五）の発句「雪の中に梅さく庭のあした哉」は竜王麿（ママ）の名で詠まれていて、『実隆公記』大永五年九月二十四日条に「駿河の使者安星来る、今川父子卅首歌点の事これを申す」、実隆の詠草集『再昌草』同年十月の項に「今川修理大夫入道常僖同子息竜王両人卅首歌、合点所望、返しつかはすとて、裏紙に書付し、立ならふ松に小松の言のはは塵につくへき千世のかけかも」とあるように、和歌は父と共に三条西実隆の教えを受けている。なお『宗長日記』によれば、元服して初めて迎えた正月の二十八日、氏輝は連歌会を張行しているが、これは上洛することになった宗長への餞別としての連歌会であろう。

享禄三年（一五三〇）の七夕に行なわれた歌会は、『宗長日記』に「氏輝亭一漢（一続の誤カ）、題なしにとてありしを、貞世、範政、已に為秀・為尹御門弟、更はばかるべきことならぬよし申て、氏輝卅首の題のはじめにてぞ一漢（続カ）侍し」とあるように、了俊・範政の歌会を追憶するもので、この年氏輝は十八歳であった。翌四年権中納言冷泉為和（歌道の家冷泉家七代目当主）を駿府に迎えた氏輝は為和の弟子となった（冷泉家時雨亭叢書所収『為和詠草』、為和の駿府到着は十月頃で入門は十一月と思われる）。

また氏輝は、三条西実隆が「後鳥羽院宸翰歟」とした『新古今集』上下を秘蔵していて、青蓮院の坊官泰昭がこれを書写している（柳瀬旧蔵本新古今集奥書）。

ところで、大永六年六月二十三日、父氏親が五十四年の生涯を閉じ（『宗長日記』・『実隆公記』）、氏輝が今川家当主になったのであるが、十四歳と若かったため、氏親没後落飾して長勝院寿桂と号した母（以下、寿桂尼という）がこれを後見、氏輝に代わって朱印状を発給した。初見は大永六年九月二十六日、遠江村櫛庄大山寺（浜松市西区大山町に在った真言宗寺院）理養坊に宛てた寺領安堵状（大山寺文書）、その後は同年十二月二十六日の遠江昌桂寺宛（正林寺文書）、同じく十二月二十八日の朝比奈泰能宛（沢木文書）、翌七年四月七日の遠江心月庵宛（玖延寺文書）の三通が知られる。

宗長は大永七年七月、朝比奈左京亮泰以に宛てた書状の中で「今はまた、はたちの御内、御わらは心の御程は何事も御心のほどおさまりがたく、奉公の人にも心にまかせらるべし。されば、此度罷下、我等躰まで、雑言、空言、傍若無人の事のみ耳にみち候」（『宗長日記』）と、氏輝が若年で政道未熟のため、家中に混乱が生じていることを述べている。したがって寿桂尼の苦労は並大抵ではなかったと思われるが、彼女は見事にそれを乗り切っている。

氏輝が文書を発給するのは、十六歳になった大永八年（一五二八）からで、三月二十八日、遠江国府八幡宮領中泉村（磐田市中泉）を、同宮神主秋鹿左京亮に安堵したもの（秋鹿文書）などを初見として、同年（八月二十日改元享禄元年）九月十七日のものまで（中山文書）十通ほどを発給しているが、十月十八日には、また寿桂尼の朱印状に替わってしまった（七条文書）。

寿桂尼朱印状は享禄四年閏五月一日の華厳院文書まで、八通ほどが見られるが、享禄三年正月二十九日の北山本門寺文書と同四年閏五月一日の華厳院文書は氏輝判物として発給される筈であったが、何らかの事情で寿桂尼の朱印が捺されて出されたと云われる。それはこの二点が寿桂尼朱印状に見られる仮名混じり文ではないからである（判物証文写附二の天文三年五月二十五日のものも同じ）。氏輝は享禄三年になり再び政務に就こうとしたが、また何らかの支障が生じたのであろうか。

そして再び氏輝文書が現われるのは、享禄五年（一五三二）四月二十一日、三浦鶴千代に宛てた判物写（三浦文書）である。同年（七月二十九日改元天文元年）十一月二十七日、富士宮若に富士郡星山（富士市星山）の代官職を安堵した氏輝判物（大宮司富士家文書）に「馬廻りとして奉公せしむる上は」、同三年七月十三日、興津藤兵衛尉正信に知行分庵原郡興津郷（静岡市清水区興津）内等を安堵した氏輝判物（興津文書）に「子弥四郎、馬廻りに相定むる上は」とあることから、氏輝は馬廻衆を創設したとされている。馬廻衆というのは親衛隊のことである。氏輝が家督を継いだのが余りに若かったのでそうした状況が出現するに至ったものと思われる。

天文三年七月中旬、今川の軍勢は甲斐に侵攻した（『塩山向岳禅庵小年代記』）。今川氏と甲斐武田氏の抗争は明応元年、永正十二年、大永元年の過去三回に行なわれ、大永七年六月和睦が成立していた（『妙法寺記』）。この氏輝による甲斐侵攻の詳細は不明で、その翌年の七月五日、今度は武田の軍勢が駿河に向かって軍を進めたので、今川軍も同月二十七日駿府を発向し、八月十九日駿河と国境を接する甲斐国巨摩郡の万沢口（山梨県南部町万沢）で合戦となった（『為和詠草』）。

去る十九日、万沢口一戦の上、別して下知を成し走廻るの由、甚だ神妙なり。いよいよ粉骨を抽んでらるべし。仍って件の如し。

八月廿日　　　　　　　　　　氏輝書判

孕石郷左衛門殿

（土佐国蠹簡集残篇七所収文書）

武田勢の進軍に対し、北条左京大夫氏綱も八月十六日小田原を発向、二十二日甲斐に入り都留郡吉田郷（山梨県富士吉田市）や山中（山梨県山中湖村）などで武田・小山田勢と戦い、今川氏を支援している（『快元僧都記』）。

今度手合いの為、氏綱出張に就き、七月廿二日都留郡山中に於いて一戦を遂げ、自身敵を討捕る粉骨、比類なき次第感悦に候、委細猶、岡部左京進申し届け候。恐々謹言。

九月五日　　　　　　　　　　氏輝在判

太田又三郎殿

（東大史料編纂所写真帖感状写）

天文五年正月十三日、氏輝は今川館で恒例の歌会初めを行ない。二月五日冷泉為和と小田原に赴き、五日、十三日、十四日の歌会に参加している。五日はわからないが十三日は北条彦九郎為昌（氏綱次男）亭、十四日は北条新九郎氏康（氏綱長男）亭で歌会が行なわれた。そして帰途の三月五日熱海に立寄り湯治して、駿府に戻った。ところがほどなく発病、同月十七日俄に冥土へ旅立ってしまった（『為和詠草』）。鎌倉八幡宮相承院供僧の『快元僧都記』天文五年五月条に「十八日、例の建長・円覚の僧達、今川殿の不例の祈祷として大般若を読まる。しかるに十七日ニ氏照（氏輝）死去注進の間、即夜中、経席を退かれ畢わんぬ。今川氏親の一男なり」とある。

死んだ氏輝は、弟梅岳承芳（後の義元）の住んでいた安倍郡大岩村（静岡市葵区大岩）の善得院に葬られ、臨済寺殿用山玄公大禅定門と謚された（善得院は臨済寺と改称）。享年二十四歳。臨済寺住持を務めたことがある明叔慶浚の「臨済寺殿七回忌香語」に次のようにある（『妙心寺派語録二』所収「明叔録」）。

爰に記す、大禅定門、髫齢十四歳、治を創し業を安んじて、尊堂を承け嗣ぎ、二州を掌上に運らすこと、殆んど一十余霜、国を憂い民を憂う、万般の鬱積もり、玉体康らわず、丙申の春、病の床に側臥す、治の験無く、祈の霊なく、耆婆手を拱き、医王腸を断つ、大いなる限り俄に迫り、活命を継嗣する及ばず、人心は危懼し、頗る航に乗るが如し、此の時に於いて、神儀は従容にして平時に異ならず、今府君（義元）を同胞に得て、国家の総てを付す、（中略）況んや又、絶に臨む間、獅子の如く躑おり翻り、而して春秋僅か二十有四、卒然として薨喪す。

玄広恵探と彦五郎

氏輝の異腹の弟玄広恵探（号は東栄。以下恵探と記す）は、駿河国葉梨郷花倉（藤枝市花倉）の華蔵山遍照光寺（律宗）の僧である。母は福島《くしま》安房守の女《むすめ》で永正十七年（一五二〇）の生まれという（『群書類従』所収「今川系図」）。

大永六年（一五二六）六月二十三日、父氏親が死去し、七月二日増善寺で葬儀が営まれたが、その「増善寺殿葬儀之次第」に「御位牌は花倉の御曹司」とあるのが恵探である。

天文五年（一五三六）三月十七日、兄氏輝が二十四歳で早世（恵探はこの時二十歳）、跡継ぎが居なかったため、弟の梅岳《せんがく》承芳（臨済僧。後の義元。母は氏輝と同じ寿桂尼）と家督を争うことになる。

『快元僧都記』天文五年五月条に、「仮殿御遷宮の事、六、七月の間然るべく由、小田原よりこれ有ると雖も、駿州の其の逆乱、材木調わずの間、八月迄申し延べ畢わんぬ。材木は両月の間に罷り着くの由注進これ有り、今川氏輝卒去の跡、善徳寺殿・花蔵殿争論の合戦に依る也」と。また、『護国禅師三十三回忌香語写』には「茲に於いて国家を二分して、其の一は祖難《（ママ）》兄華蔵住持東栄大徳、其の一は義元に属す」とある（恵探を華蔵住持とするが弱年であり未だ住持ではなかったと思う）。

この時府中に在国していた冷泉為和の歌日記『為和集』天文五年四月二十七日条に「今日より乱初まるなり」と。この家督争いは同時代史料には〝丙申の乱〟、俗に花倉の乱、最近は「花蔵殿」の反乱ということで〝花蔵の乱〟と表記されるようになった（前田利久「花蔵の乱再評価」『地方史静岡』第19号）。ただし、反乱というのは勝者側に立った見方であり、本当にそうであろうかと考えさせられる。

さて、日記とも編纂記録とも区別し難い書物『高白斎記』に、「五月廿四日夜、氏照《（輝）》ノ老母、福島越前守宿所へ行。花蔵ト同心シテ翌廿五日従二未明一《みめいより》、於二駿府一《すんぷにおいて》戦。夜中福島党久能（久能山）へ引籠ル」とある。解釈の難しい文章である。

恵探側は遍照光寺の北西半里ほどに位置する山頂に構えた「葉梨城」に立籠ったのであるが、承芳方の軍勢に攻められ、恵探は城の西方稲葉郷瀬戸谷（藤枝市瀬戸ノ谷）に逃げ六月十日自害して果てた。諡は遍照光寺殿玄広恵探大徳（『駿河記』瀬戸ヶ谷村、普門寺位牌銘。『常光寺年代記』）。

次に参考として、『続群書類従』系譜部「今川系図」の「花倉主」の注記を示す。「氏輝遺言に依り義元家督相続せしむ。茲に因り合戦に及ぶと雖も、終に敗北せしめ、駿州花倉に於いて討死、年二十歳。母も同じく。幼くして出家し律宗たり。名は良真。山西《やまにし》花倉の遍照光院（寺）に住む。母は福島安房守の女」。

氏輝の弟に彦五郎（名乗不明）と云う人が居るが、今一つよくわからない人である。

大永六年（一五二六）の『今川氏親葬儀記』には、氏輝の弟である次男花蔵御曹司（玄広恵探）と三男善徳（得）寺御曹司（栴岳承芳）の名は見えるものの、彦五郎の名は見えないので、この時彦五郎は未だ元服前であったからであろう。つまり四男であったと推定されるのである。

『為和集』天文五年（一五三六）三月条に、「今月十七日。氏輝死去。同彦五郎同日遠行」とあり、同十九年十一月十七日、母の寿桂尼は志太郡築地郷（藤枝市築地《つきぢ》）漆畠の円竜寺（曹洞宗増善寺末。近世は円良寺といい同洞雲寺末）に「うるし畠之内円竜寺田の事。合参段者《てへり》、右、定源院殿茶湯のために寄付せしむ」云々と云う朱印状に出している（円良寺文書）。ここに定源院殿とあるのは彦五郎のことで、定源院殿寂庵性阿弥陀仏と云う（『駿河志料』巻之十一）。

三　治部大輔義元

出家時代

義元は永正十六年（一五一九）の生まれという。父は今川修理大夫氏親、母は中御門権大納言宣胤の女。生年は『寛永諸家系図伝』と『続群書類従』系図部所収の今川系図が、永禄三年（一五六〇）討死した時の年齢を四十二歳としているので、それからの逆算である。

兄に永正十年生まれの長男氏輝、二男の恵探（花蔵）がいるので三男となる（『護国禅師三十三回忌香語写』、土佐国蠹簡集残篇所収今川家系図には、すぐ上の兄として彦五郎を載せるが、彼は氏親の葬儀記録に見えないので、義元の弟ではなかろうか）。『今川家略記』は幼名を「方菊丸」とするが他には所見はない。しかし便宜上ここでは出家して承芳となるまでの義元を芳菊丸とよぶことにする。

芳菊丸は七歳になった大永五年（一五二五）頃、京都建仁寺蔵主《ぞうす》九英承菊（今川被官庵原氏の出、後の太原崇孚）に伴われて富士郡今泉郷（富士市今泉）の富士山善得寺に入り、善得寺殿（善得寺御曹司）とよばれたという。

臨済寺三世東谷宗杲の『護国禅師三十三回忌香語写』に次のようにある。

氏親公、また嵯峨門下の舜琴渓を拝請して〔善得寺〕六世と為すなり。舜は俗姓吉良氏に出で今河氏に総管たり。故に敬崇他に異なるなり。舜住持すること僅に六紀、享禄二祀己丑五月廿日を以て世相に順ずなり。舜に二神足有り、九英承菊と曰い、梅岳《せんがく》承芳と曰う。芳は氏親公の三男なり。未だ得度せず、髫年にして国を挙げて善得寺殿と称し、諸人の恐惶する所となる。菊は父庵原氏、母奥津氏なり。幼きより志を道学に励まし、京師東山の左辺底（建仁寺）に掛錫す。常に護国院常庵崇長老の巾瓶に随給すること十有八年なり、（中略）芳髫年を輔佐すべきその仁無きを以てなり。故に氏親公使を遣して招呼すること三回。生縁の熟する処忘れ難くして皈国し畢んぬ。氏親公は芳髫年の進止を畢竟菊公に倚頼す。

今川氏親が髫年《ちょうねん》（幼少）の芳菊丸（承芳）の教育を委ねるため、京都建仁寺霊泉院の常庵竜崇の許で修業中の九英承菊を呼び戻したというのである。芳菊丸が承菊に伴われて、琴渓□舜（承舜とするものがあるが徴証無し）の住持する善得寺に入った年は明らかで無いが、大永六年（一五二六）六月十三日没した父氏親の『増善寺殿葬儀之次第』に「龕《がん》は六方也、（中略）龕舁《がんかき》は岡部七郎二郎・福島越前、御馬は興津藤兵衛、御太刀は朝比奈左京亮、紼《つな》は善徳寺御曹司、御位牌は花倉の御曹司、白衣の御供惣而七百六十七人なり、大永六年丙戌六月二十三日、茶毘は七月二日於増善寺、如此執行者也」とあることから、それ以前である（大永五年ではなかろうか）。

　このような訳で芳菊丸は善得寺に入れられたのであるが、しかし直ちに出家したわけではなく、薙髪染衣《ていはつぜんえ》（出家）するのは享禄三年冬である。したがってそれまでは稚児としての生活をしていたと思われるのである。また、承芳を善得寺に伴った承菊は未だ修業中の身であったため、芳菊丸を琴渓和尚に託して建仁寺に帰っていった。『後法成寺関白記』によると、大永六年から享禄二年（一五二九）秋まで、承菊蔵主の在京が確認される（大永七年は欠本、享禄元年夏から秋にかけて一時帰国）。享禄二年五月二十日、琴渓和尚が示寂した。そのためか承菊は七月帰国している。

　翌三年六月五日、歌人として知られた今川の客人最勝院素純（東常縁の子）が駿府で没し、弔問のため、その弟である建仁寺霊泉院の常庵竜崇が十月駿府に下向した。この機会を捉えてこの年十二歳になった芳菊丸は竜崇和尚の手で剃髪され「承芳」となり、祖母北河殿（氏親の母。享禄二年五月二十六日没）の安倍郡大岩郷（静岡市葵区大岩）の旧宅を善得院という寺院に改めてここに住むようになった（『護国禅師三十三回忌香語写』）。

　その後、承芳は上洛するが日時は不明である。ただ享禄五年（一五三二）七月二十九日改元天文元年から八月にかけて、承菊首座《しゅそ》（この直前蔵主から首座になる）の在京が確認されるので（『後法成寺関白記』）、七月頃の承菊の上洛に随従したのではなかろうか。そしてこの在京の時に常庵竜崇（享禄四年閏五月九日、霊泉院から護国院に移る）に代わって建仁寺住持月舟寿桂（天文二年十二月八日示寂）が作った、承芳の道号「栴《せん》岳《がく》」の字説（物事について意見を述べる漢文の文体の一つ）が『幻雲文集』（続群書類従文筆部）に載っている。

梅岳説護国常庵和尚代

凡そ群植の名有るは、皆な地を以て貴と見る。（中略）東京の大相国恵林大岳大禅仏の門葉にして、駿の府内に徙居する者を雲竜と曰く。故円覚琴渓禅師の草扨（般）なり。禅師に爪抹の寧馨有り名を芳（承芳）という。乃ち府君の令子にして、今の府君の賢弟たり。天資は軒抜にして、齢は未だ志学（十五歳）に登らず、学て時にこれを習うの志を齢に孚み、人皆な善と称える。先に是の同袍吾が東山に寓《よせ》るとき、余、その人と為りを説き誇りと為し、且つ余、その字を雅し徴す。余、輙ち口ずを以て梅岳と命ける。其の門地なり。其の人物なり。

なお、承芳の教育を託された承菊は一般に雪斎とよばれるが、その初見はこの在京中の八月に竜崇が書いた「雪斎詩序」である。「雪斎詩序」に「同舎九英丈人は駿の府中の人なり。其の居る所の扁（篇額）に雪斎と曰く」云々と。よって以後彼のことを雪斎と表記することにする。

天文元年（一五三二）、帰国した承芳は翌二年善得院において、駿府に在国していた前中納言冷泉為和と詩歌会を張行している。『為和詠草』天文二年正月条に「同廿二日、今河弟禅（善）徳院にて当座詩歌侍り」とあり、同様な記事がこの後十月四日、十一月九日、十二月十日と三回見える。冷泉為和は将軍足利義晴の昵近衆（近習衆）でもあり（朝比奈新「戦国大名間における将軍昵近公家衆の動向」『歴史学研究月報』第五二五号）、今川領国内に所領が在ったことなどから（ただし不知行となっていた）、軍事的・経済的な援助を今川・武田・北条の三大名から得ようとする義晴の要望により駿府に下向し、その駿河在国は享禄四年冬から天文十八年没するまで十八年の大部分におよび、当主になってからの義元と同席した詩歌会は五十数回を数え『為和詠草』を遺した。

天文二年十二月、承芳は雪斎（九英承菊）と共に上洛したが、その途次、藤枝の長楽寺で富士山一覧のため駿河に下向した仁和寺尊海僧正と逢い和漢を巻いている。尊海の紀行『あつまの道の記』に次のようにある。

　是よりのぼり侍るに、藤枝長閑寺といふ所に善徳寺（善得院）いますほどに、立よりぬれば、和漢一の折り興行。発句所望あれば、

　　ゆきやらてはなや春まつ宿の梅　　喜卜

　　友　三　話　歳　寒　　九英

　　扣　氷　茶　煎　月　　善徳寺 承芳

（長閑寺は長楽寺の誤写、喜卜とあるのが尊海）

上洛した承芳は雪斎と共に建仁寺に掛錫《けしゃく》。翌三年九月十九日逍遥院尭空（前内大臣三条西実隆）邸において常庵竜崇らと和漢の会を、翌々年（天文四年）の七月二十四日には前太政大臣近衛稙家邸で実隆らと和漢の会を行なっている（『再昌草』）。連歌師宗牧が『東国紀行』に「一座の事、住持（一花堂長善寺の乗阿上人）より使有。大守へ御礼の後しかるべきか。廿四日よりは別時なれば、其前にこそはとて、想印（惣印軒安星）に談合。則披露せられたり。先年御在洛のおりふし、別而御懇意の事ども有つる行ゑなれば、明日此方しだいに参上すべきよしなり」と記したのは天文十三年の旅でのことであるが、ここにいう大守（今川義元）先年御在洛は、天文三年～四年の時のことであろう。

また『護国禅師三十三回忌香語写』には「菊公、芳新戒を相伴いて京に入り、再び東山に掛錫するは既に三寒暑。芳新戒社中に入り以て宋景濂を読み、富士の詩と題し為《つく》る之の八字（八句）は（原文「以読宋景濂富士之詩之八字為題」）、短策の化儀、山中の観を改むるの詩篇として人口に膾炙する者《こと》、八叉して詩を吟ずる温《おん》

螿《しょう》（温庭螿）と孰与《いずれぞ》か。菊公また表率の職に任じ、結制秉払すること数十問、端に一一的答すること大恵の円悟会中に在りて提唱するが如く、人天耳を傾け頑石もまた点頭するに相似たるか」と、承芳の在京中における英才ぶりを記している。

前半は新戒（新僧）となった承芳が建仁寺の詩の仲間に加わり、明の文豪宋景廉の作品を読んで、

層霄に絶えて入る富士の巌　蟠根直ちに三州の間を厭え
六月の雪花素毳を翻し　何れの処にか深林白鷴を覓む
紅雲起る処是れ蓬瀛　十二の楼台白玉の京
素より知らず世の童男女　偶たま児孫鶴に跨りて行く有り

という富士山を詠んだ八句（律詩）を作ったところ、これは短い鞭を揮い衆生を教化するのに似て、それまでの富士山を見る目を改めさせた詩であると人々に称賛された、それは八回腕組みしただけで詩ができた唐の温庭螿と優越を争うほどである、と。

後半は承芳は選ばれて結制（夏安居）に秉払（説法）すること数十回におよんだが、それは南宋の禅僧円悟（圜悟）克勤の弟子大恵（大慧）宗杲が説法する時、耳を傾けたのは人々や天人たちだけでなく、そこに在った石もまた頷いたのに似ていると、承芳の禅僧としての資質を持ち上げている。

天文四年（一五三五）帰国した承芳は、五月二十日善得院において琴渓□舜の七回忌を常庵竜崇を導師として執行した。東大史料編纂所謄写本『寅庵稿』所収「琴渓和尚七周忌拈香」に「索訶世界南瞻部洲大日本国駿州路善得院宰承芳等、今茲天文第四五月二十日、将に前席臨川・後住円覚先師琴渓大和尚七周の諱旦を迎え、預じめ今月今日今辰を以て、当州当山当院に就いて、道場を厳飾し、斎会を拝弁《（営カ）》、現前の尊衆を拝屈《（請カ）》し、同

音に無上の宝印秘密神咒を諷演する」とある。

なお天文四年の承芳・雪斎の帰国について、『護国禅師三十三回忌香語写』は「駿甲の藩籬、両刃鋒を交うるに依って、早に東山（建仁寺）を辞して本寺（善得寺）に皈る」とするが、今川氏輝と武田信虎の甲斐国巨摩郡万沢（山梨県南部町万沢）における合戦はこの年の七月から八月にかけてであり（『為和詠草』・『快元僧都記』）、ここに見るように承芳らはそれ以前の五月には既に帰国している。

花蔵の乱と河東一乱

天文五年（一五三六）三月十七日、兄氏輝が二十四歳で没し、子がなかったため承芳がその後継ぎに推されたが、庶兄恵探（華蔵殿）を推す者が出てきて国内を二分する戦乱となった。『為和詠草』天文五年三月条に「今月十七日、氏輝死去。同彦五郎同日遠行」、同四月の項に「廾七日（中略）従今日乱初也」とあり、相続争い「花蔵の乱」（丙申の乱ともいう）が四月二十七日から始まったことがわかる。

『護国禅師三十三回忌香語写』はこの家督争いを「十代の太守五郎氏輝、天文五年丙申三月十七日を以て卒す。芳公氏輝の禅を受くるや、冠を弾きて今河治部大輔義元と称し、善得両寺の寺院を以て菊公に付与し善得院を改めて大竜山臨済寺と称す。北河の旧宅なるに縁りてなり。即ち氏輝の墳寺と為し臨済寺殿と号すなり。茲に於いて国家を二分して其の一は祖難（ママ）兄華蔵の住持東栄大徳、其の一は義元に属す。菊公のごとき抽でる医国手と雖も、其の験を得ずして、兄弟東西に分れての鬩墻《げきしょう》なり。菊公は寸胸の工夫、一臂の調略を以て、一月を終えずして国家を泰山の安きに措けりなり」と記している。

天文五年五月三日、承芳の今川家相続を承認する将軍義晴から、承芳に対して偏諱を与えることことを伝える御内書が出されたことが、東大史料編纂所写真帳『大館記所収往古御内書案文』で知られる。ここには御内書案は見られないが、大館左衛門佐晴光の副状案が所収されている。

御名字・御家督の儀、御相続の段聞こし召され候、尤も珍重の由御気色候。仍って御字御自筆を以て遣わさるの旨、仰せ出され候。御面目の至り目出《めでたく》存じ候。恐々謹言。

五月三日　　左衛門佐晴光

謹上　今川五郎殿

うら書大館

これは雪斎と承芳による幕府への働きかけによって実現したものであろう。また、承芳らは北条氏綱の支援も取り付けたらしく、『妙法寺記』天文五年条に「其年六月八日、花倉殿・福島一門皆相模氏縄（氏綱の誤り）ノ人数カ責コロシ被《もうされ》レ申候。去程ニ善得寺殿屋形ニナホリ被《めされ》レ食候」とある。「花蔵の乱」は、恵探の立籠った駿河国葉梨郷花倉の葉梨城（藤枝市花倉の花倉城址）が承芳方の岡部左京進親綱等に攻め落とされ、逃れた恵探が城の背後、稲葉郷瀬戸谷（藤枝市瀬戸ノ谷）において六月十日自害して終決した（『高白斎記』は「六月十四日花倉生涯」とするが、『駿河記』瀬戸ノ谷村の項の普門寺位牌、および『常光寺年代記』の六月十日説を採る）。

この日、承芳は大津郷大草村（島田市大草）の慶寿寺や、駿府浅間宮の社家村岡大夫に「承芳」という印文の黒印状を出していて（慶寿寺文書・村岡大夫文書）、後者に「来る二十日、当宮御神事やぶさめ銭の事、年々の如く相違無く取り沙汰すべき者なり」とあるのは、今川家当主と成ったことを宣言したものであろう。

こうして承芳が今川家の当主となったのであるが、氏輝の死から承芳が当主になるまでの過程については不明な部分も多い。不可解なのは氏輝が死んだ時に、その弟彦五郎が同時に死んでいることである（『為和詠草』・『高白斎記』）。これについて彼は、通称から病弱の兄の後継と目されていたので、この時暗殺されたのではないかという疑いも生じる。また、『高白斎記』天文五年条に「五月廿四日夜、氏照ノ老母、福島越前守宿所ヘ行。花蔵ト同心シテ、翌廿五日従未明於駿府戦。夜中福島党久能ヘ引籠ル」とあるが、この記述に脱落がないものとすると、寿桂尼が恵探に同心した後に、駿府で戦いが始まったということになり、この寿桂尼の行動も不可解である（『高白斎記』の記事に脱落があるのだろうか）。

さらに承芳が元服した後の十一月三日、義元が出した花蔵の乱における岡部親綱の戦功に対する感状（岡部文書）には「今度一乱已前、大上様注書（重書ヵ）を取り、花蔵へ参じなされ」云々という、感状の受取人である親綱が書き込んだと思われる添え書きがあり、ここに見える大上様《おおがみさま》を寿桂尼とすると、このことからも寿桂尼は恵探に味方したことになる。承芳の母である寿桂尼がなぜ吾子でもない恵探を支援したのであろうか。これも謎のひとつである。ただこの大上様は寿桂尼ではなく恵探の母親とすれば事情は大きく変わるが。

新たな今川家当主承芳は元服して五郎義元となった。『加能越古文書叢』二十五所収の畠山義元書状写といわれてきた次の文書は、実は今川義元書状であるという。

態と申し入れ候、抑、前年在京中御懇の儀、忘れ難く忝く存じ候、当国不慮の題目是非無く候。然る処家督の儀、去る所無く候間領掌、唯今礼を申し候。仍って祝儀として黄金弐両進覧せしめ候。聊か嘉例を表す計りに候、毎事後音を期し候旨、御意を請くべく候。恐々謹言。

八月十日　義元（花押）

逍遥院殿

人々御中

義元が逍遥院尭空こと三条西実隆（天文六年十月没、享年八十三歳）に宛てたもので、これが義元の名で出した初見文書である。なお、義元は後に治部大輔《じぶのたゆう》に任ぜられるが、それが知られるのは『為和詠草』に「天文八年正月十三日、今河治部大輔義元会始」とある記事である（前年の義元会始めの時には今河五郎義元となっている）。

天文六年（一五三七）二月十日、義元は武田左京大夫信虎の女を妻に迎えた（氏親・氏輝の時代、武田とはしばしば鉾を交えた）。そのためかつて同盟関係にあり共に武田と戦った北条左京大夫氏綱の怒りを買い、攻寄せて来た北条軍に富士川以東を占領されてしまった。『快元僧都記』天文六年条に次のようにある（関係記事を抄出）。

二月　九日己未。（中略）廿六日丙子。（中略）氏綱、駿州へ出陣す。
三月　二日。結願し了わんぬ。四日。駿州吉原へ飛脚を相立て巻数を進じ畢わんぬ。富士河の東郡、悉く本意の由返札これ有り。殊に武州・甲州の敵軍引き返し。分国静謐なり。然るに百貫卌駄到来す。いよいよ懇祈に励むべくの由、一札到来す。
四月　一日己酉。（中略）廿日。富士下方の者共は、謀叛の衆を催し、吉原と合戦。叛逆の者共廾四人一所に討死。これ即ち神の加護なり。
六月　一日戊申。十三日。駿州に向い進発す。翌日十四日。（中略）同日。駿州に於いて一戦。氏綱勝利を得られ畢わんぬ。敵数百人を討取ると云々。

このことが『妙法寺記』には「此年（天文六年）二月十日、当国屋形御息女様、駿河屋形ノ御上ニナホリ被レ食候。去程ニ相模ノ氏綱、色々サマタケ被レ食候へ共成リ不レ申候而、終ニハ弓矢ニ成候而、駿河国ヲ興津迄焼被レ食候。去程ニ武田殿モ須走口へ御馬出シ被レ食候。此年御宿殿此国御越候。出陣ノ案内者ニ成被レ食候。（中略）駿河屋形ト氏縄（綱）ノ取合未レ止」とあり、今川方では天文十四年の二度目の衝突を含めて「河東一乱」と表記している（大泉寺文書など、河東の読みは「かわひがし」なのか「かとう」なのか不詳）。

義元は何故このような今までと違う外交方針に転じたのであろうか。そのことが書かれた史料は見当らない。北条氏綱は先に見たように花蔵の乱では義元を支援している。大きな謎である。

天文六年四月、一族今川六郎氏延（堀越氏）の居城、遠江国府の見付城（磐田市見付）が、義元方の軍勢に攻撃された。天文六年四月二十八日、天野小四郎・同孫四郎に宛てた今川義元感状（東大史料編纂所所蔵天野文書）に「去る二十六日、見付端城乗崩しの刻、粉骨感悦に候」とあるのがそれである。同盟関係を破棄された氏綱が、友好関係にあった氏延を誘い義元を挟撃しようとしたため、義元が先手を打ったのであろうか。氏延と氏綱が友好関係にあったということは、三月二十五日の北条氏綱書状（高橋健二氏所蔵文書）に「堀越殿より田原への使い十五人分、四月五月六月三カ月分、堪忍ニ合力申し候」などとあり、氏延の弟新六郎貞朝が北条氏縁の女性（後の山木大方）を妻としていたと考えられるので、まず間違いない。

この見付城攻めの結末は必ずしも明らかでないが、氏延は自害（土佐国蠹簡集残篇所収今川系図。『古老物語』）。落城した城は放置（廃城）されたようである（『東国紀行』）。なおこの時、北条氏綱は遠江今川氏だけでなく、井伊氏や三河の奥平氏も味方に引き入れようとしていた（松平奥平家古文書写所収三月二十九日の北条氏綱書状）。また、氏延の従兄瀬名陸奥守氏貞（天文七年頓死）の子源五郎貞綱がこの直後没落しているが（土佐国蠹簡集残篇三所収文書）、貞綱も北条氏綱に誘われていたのであろうか（天文九年帰国）。

天文六年に始まった「河東一乱」により、駿河国河東（富士川以東）は北条軍に占領されたままになっていたが、天文十四年義元は、この膠着状態を解決しようと駿府に下向して来ていた聖護院（天台宗寺門派で本山派修験宗総本山）門跡道増准后（関白近衛尚通の子でその姉は北条氏綱の妻）に北条軍を撤退させるための調停を依頼し小田原に赴かせた。ところが北条左京大夫氏康（天文十年没した氏綱の後継者）がこれに応じず調停が不調に了った（『為和詠草』）。

そこで義元は関東管領上杉兵部少輔憲政と計り、氏康を挟撃せんとして七月二十四日自ら富士郡に出陣し善得寺に着陣した（『為和詠草』・『関八州古戦録』巻二）。そして合戦が開始されるのであるが、それは天文十四年八月二十二日、天野安芸守（景泰）に宛てた今川義元感状写（諸家文書纂所収天野文書）に「去る十六日狐橋合戦に於いて、走廻るの段神妙に候」とある八月下旬の今井郷（富士市今井）狐橋の合戦からであろう。

義元の富士郡出陣に対し武田晴信も支援のため自ら駿河に出陣して来た。これはこの年の五月、晴信が信濃国伊那郡箕輪（長野県箕輪町）の福与城（箕輪城。城主藤沢頼親）を攻めた時に義元が三百人の援軍を送った（『高白斎記』）ことに対するお返しでもあった。以下煩雑であるが、その後の推移が記された『高白斎記』天文十四年九月、十月条の関係記事を抄出する。

九月大。九日己巳、細雨、未刻、御出張向山迄。十二日、本須（本栖→山梨県上九一色村）御陣所、板垣（駿河守信形）・栗原（左衛門佐）ハ大石寺迄、夜大雨。十四日甲戌、従二北条氏康一御状来ル。十五日、大石寺ニ御着陣。十六日丙子、辰刻、吉原自落、馬見墓御陣所、於二半途一義元御対面。十七日、義元御陣所ニ御留候。十八日、辰刻、打立、今井見付御陣所。十九日、千本松御陣所。廿日、岡宮近所ノ原御陣取、義元ハ長窪。廿一日、陣屋ヲカケル。廿四日甲申、節。廿七日、キセ川（黄瀬川）ノ橋掛サセラル。

十月朔日辛卯。十五日、従㆓巳刻㆒、半途へ出、板垣（信形）・向山（未詳）・高白（高白斎）三人連判、氏康陣所桑原方へ越、戌刻帰ル。廿日、長窪ノ城見分ニ行、御宿（不詳）生涯。廿四日、節、管領（上杉憲政）・義元・氏康三方輪ノ誓句参候、此義ニ付高白三度雪斎陣所へ行。廿二日、互ニ矢留。廿八日、箕輪次郎（藤沢頼親）帰陣。廿九日、於㆓朝佐（朝倉佐渡守）陣所㆒談合、境目城ヲ捕（取）立非分ニ氏康被㆑懸㆑取候ナリ、既ニ義元落着ノ義ヒルカエラレ候者、晴信則可㆑入㆑馬之事、此間之落着ヲヒルカエシ難タヒ（意味不明）承ナリ、氏康ヲ捨義元へ同意可申事、右此三ケ条合点申候由、朝佐・雪斎判形ヲスエ、板垣・高白へ給リ候間罷帰、戌刻上ル。

十一月大朔日庚申、長窪。六日乙丑、敵出㆑城。八日、義元・晴信互ニ大事ノ義ハ自筆ヲ以可㆓申合㆒ト被㆑仰合、翌九日、互ニ自筆御請取渡候ナリ。

今川軍の長窪城（長泉町長久保の長久保城址）攻撃の最中に武田晴信の仲介によって、義元と氏康の和睦が成ったことがわかる。

参考までに『妙法寺記』を見ると、天文十四年条に「此年ノ八月ヨリ駿河ノ義元、吉原へ取懸被㆑食候。去程ニ相模屋形、吉原ニ守リ被㆑食候。武田春信（晴信）様、御馬ヲヨシ原へ出シ被㆑食候。去程ニ相模屋形モ大義思食候而、三島へツホミ被㆑食候。諏方ノ森ヲ全（意味不明）ニ御モチ候。武田殿アツカヒニテ和談被㆑成候。去程ニ駿河分国ヲハ取返シ被㆑食候」とある。

三河への侵攻と織田氏との抗争

こうして河東を回復した義元は父氏親が果たせなかった三河の制圧に転じた。三河侵攻に当っては八名郡嵩《す》山《せ》西郷城（豊橋市嵩《す》山《せ》町の市場城址カ）の西郷弾正左衛門尉将員、宝飯郡牛久保城（豊川市牛久保町の牛久保城址）の牧野田三郎保成《やすなり》、同郡西郡上之郷城（蒲郡市神ノ郷町の上ノ郷城址）の鵜殿三郎長持らを味方に付けたが、渥美郡田原城（田原市田原町の田原城址）の戸田弾正少弼尭光《たかみつ》は誘いに応じなかったため、まず牧野氏と対立していた戸田橘七郎宣成の今橋城（豊橋市今橋町の吉田城址）を攻めることにした。

今橋城攻めは十一月に行なわれ、これを攻略し接収した義元は城名を吉田と改めて軍勢を常駐させた。『常光寺年代記』に、天文「十五丙午（中略）駿河勢打立、今橋城霜月廿四日落城。従㆓其時㆒吉田ト云」とある（常光寺年代記は田原市堀切常光寺所蔵記録）。次に示したのはこの時の感状である。

今度三州今橋の城小口取寄せの時、了念寺へ相移るべきの由下知成され候の処、異儀に及ばず最前を馳せ合い堅固に相踏まえるの旨、忠功の至り感悦なり。今月十五日辰の刻、同城外構え乗崩しの刻、不暁に宿城へ乗入れ、自身粉骨を尽くし、殊に同名親類被官以下疵を蒙り、頸七つ討捕るの条、おのおの別紙の感状を遣わすなり。誠に以て度々の軍功神妙の至りなり。いよいよ忠勲を抽きんでらるべきの状、件の如し。

十一月廿五日　　義元（花押）

天野安芸守殿

（東大史料編纂所所蔵天野文書）

また紀州藩の『御家中諸士先祖書』にも次のような今川義元感状写が収められている。

去々年参河今橋外構え乗取りの刻、城際に於いて頸一討捕り伊藤、鑓疵を蒙り、鑓三本突折る高名比類無き所なり。殊に弥右衛門と同時に最前に了念寺に陣を寄せるの条、誠に軍功の至なり。然れば去年未田原取出の城、当年に至る二ケ年陣を詰め、昼夜の用心、敵城へ不慮の働、これ又粉骨の至り感悦なり。いよいよ忠節を抽きんでらるべきの状、件の如し。

天文十七

十二月廿日　　義元

大村弥三郎殿

今川氏の今橋城攻撃に対しては、戸田宗家（田原城主）の戸田尭光が今橋城主戸田宣成を支援すると見られていたが、尭光は加勢しなかった。戸田宣成は『藩翰譜』によると、田原の尭光の大叔父とされているが、宣成は、尭光の祖父憲光（宗光の父）のことを「同名弾正左衛門」（弾正忠の誤りであろう）と云っているので（東観音寺文書）疑問である。

今橋城攻めの時、戸田尭光が表立って今川に敵対しなかったことは今述べた通りである。が、しかし尭光は、天文十六年、尾張の織田弾正忠信秀に安城城（安城市の安城城址）を奪取されてしまった額田郡岡崎城（岡崎市康生町の岡崎城址）の松平三郎広忠が、義元の支援を得るため見返りとして駿府に送り出した人質の嫡子竹千代をその途中で奪い織田に渡してしまった（『三河物語』・平野明夫「今川と松平氏」『戦国期静岡の研究』清文堂二〇〇一）。この知らせを受けた義元は直ちに田原城を攻撃した。『常光寺年代記』に、天文「十六未丁閏七月三日ニ駿河勢、田原ヘトリヨル。五日、六日ニ上郡尽ク放火スル。其時当寺ハ飯尾豊前守ヤ衛（野営）有」とある。九月五日、田原本宿門際での戦いに対する義元の感状が見られる。

去る五日、田原本宿門際に於いて、被官木下藤三・溝口主計助・気多清左衛門、最前鑓を入れ比類無く走り廻ると云々。甚だ以て神妙の至りなり。いよいよ軍忠を抽きんでらるべきの状。件の如し。

九月十五日　義元（花押）

天野安芸守殿

（東大史料編纂所所蔵天野文書）

去る五日、田原大原構えに於いて、最前鑓を合わせ、比類無き働き、甚だ以て神妙の至りなり。いよいよ戦功を抽んでらるべきの状。件の如し。

天文十六未年九月十五日　義元判

松井惣左衛門殿

（記録御用所本古文書八上）

九月十五日付けの感状はこの他、天野小四郎（東大史料編纂所所蔵天野文書）・御宿藤七郎（三川古文書）宛てのものがある。この田原城攻めは長引き攻略が成ったのは翌年（天文十七年）の八月であった。『常光寺年代記』天文十七年条に「八月二十八日、田原城渡、戸田一紋《（一門）》悉候人《（降人）》」とある。これは前に示した天文十七年十二月二十日の大村弥三郎宛今川義元感状写に「去年未田原取出の城、当年に至る二ケ年陣を詰め」とあることによっても確認できる。

天文十七年三月、臨済寺殿十七回忌の法要が臨済寺で行なわれている頃、三河では織田信秀軍との合戦が始まろうとしていた。この月三河に出陣した尾張の織田弾正忠信秀は一旦安城城に入った後、更に進んで矢作川を越えて岡崎城の南方に位置する上和田の砦（岡崎市上和田町の上和田城址）に陣を移した。この時今川軍は額田郡藤川（岡崎市藤川町）に着陣していて、三月十九日未明、上和田の砦を攻めんとして出撃、砦より出てきた織田軍と小豆坂《あずきざか》（岡崎市羽根町）において合戦となった。これを『三河物語』は次のように記している。

弾正之忠（織田信秀）は、駿河衆の出るを聞て、清須の城を立て、其日は笠寺・鳴海に陣取給ひて、明ければ笠寺を打立給ひて、安祥（安城城）に著せ給ひて、其より矢作川の下の瀬を越て、上和田の取出にうつらせ給ひて、明ければ馬頭の原へ押出して、合陣のとらんとて、上和田を未明に押出す。駿河衆も上和田の取出への働とて、是も藤川を未明に押出す。藤川と上和田の間一里有。然処に山道の事なれば、互不見出して押けるが、小豆坂へ駿河衆あがりければ小田三郎五郎（織田信広）殿は先手にて、小豆坂へあがらんとする所にて、鼻合をして互に動転しけり。然とは申せ共、互に籏を立て則合戦社初《こそはじまり》て、且《しばらく》は戦けるが、三郎五郎殿打負させ給ひて、盗人来《ぬすびとき》迄打れ給ふ。盗人来には弾正之忠籏の立ければ、其よりももりかへして、又小豆坂の下迄討、其より押かへされて被レ討けり。其時の合戦はたゐたゐとは申せとも、弾正之忠の方は二度追返され申。人も多被討たれば、駿河衆の勝と云。其より駿河衆は藤川へ引入、弾正之忠者上和田へ引て入、其より安祥へ引て、安祥には舎弟小田の三郎五郎殿を置給ひて、弾正之忠者清須へ引入給ふ。三河にて小豆坂の合戦と申伝しは此事にて有。

この戦いにおける義元感状がある。

今月十九日、小豆坂〔に於いて〕、横鑓比類無きの軍忠を励まれ候。感ずる所候なり。此の償いとして其国〔に於いて〕千貫の地増知せしめ畢わんぬ。已後に於いては相違有るべからず。此の条明鏡、いよいよ忠勤を抽きんでらるべきの状。件の如し。

天文十七

三月廿八日　　　義元
　　西郷弾正左衛門尉殿
（記録御用所本古文書）

去ル三月十九日、西三河小豆坂に於いて尾州馳せ合い、最前に馬を入れ粉骨を尽くし、宗信、同前殿《しんがり》を為すの条、比類無き働の儀、感悦の至りに候。いよいよ軍忠を抽きんでらるべく専要に候。仍って件の如し。

天文十七戊申年
四月十五日　　　義元　判
　　松井惣左衛門殿
（同上）

去る三月十九日、三州小豆坂に於いて織田弾正忠と出合い、敵味方備うるの処、下知を加え一戦を遂げ、自身真先に馬を入れ、軍忠を抽きんでられ両度の太刀討ち、比類無き働甚だ以て感じ覚ゆる者なり。仍って件の如し。

天文十七年七月朔日　　　義元　判
　　朝比奈藤三郎殿
（三川古文書）

小豆坂で今川軍が織田軍に勝利した翌年の天文十八年三月六日、松平広忠が二十四歳の若さで病死してしまった。この知らせを受けた義元は、直ちに岡崎城に家臣を送り込み、岡崎松平領を支配下に置いた（『三河物語』・『松平記』)。しかしこうした処置に納得いかなかったためか九月になると、それまで岡崎松平氏と友好関係にあった幡豆郡西尾郷西条城(西尾市錦城町の西尾城址)の吉良左兵衛佐義尭が織田に通じた。

天文二十年十二月二日の今川義元感状写(御家中諸士先祖書所収文書)に「去る酉年九月二十日、三河内吉良え取り懸け一戦を遂げ、敵を追入れ城端に於いて随分の者を討捕り」と云々。『三河物語』に「吉良殿は小(織)田之弾正忠と御一身有。然間、駿河より吉良へ押懸ければ、(中略)屋形はかけ出させ給ひ敵に打向せ給へば、屋形の御馬強馬にて敵の中へ引入られて、即、討死を被」成けり」とあるように、西条城を今川勢に攻められた義尭は打って出て討取られてしまったという。

そして西条城に新たな城主として、義尭の次男で東条吉良の中務大輔持広(天文八年没)の跡を継いでいた上野介義安が入れられたようである(関係諸書からの推測である。なお義安の妻は松平広忠の妹であったという)。

西条城を攻略した今川勢は、続いて安城城に攻懸かり、十一月これも陥れ、城主織田三郎五郎信広(信秀庶子、信長の兄)を捕らえて、尾張に連れ去られていた竹千代と交換(『三河物語』・『甲陽軍鑑』)、十二月には織田方となっていた酒井小五郎忠次の拠る碧海郡の上野城も攻め落とした(布施美術館所蔵文書)。

尾張への出馬と三河国人の反乱

三河から織田軍を駆逐した翌天文十九年四月十二日、義元は尾張国知多郡緒川城(東浦町緒川の緒川城址)の水野十郎左衛門尉信近に次のような書状を送っている。

夏中に進発せしむべく候の条、其以前に尾州境へ取手の儀申し付け、人数差遣わし候。然れば其の表の事、いよいよ馳走祝着為るべく候、尚、朝比奈備中守申すべく候。恐々謹言。

四月十二日　　義元

水野十郎左衛門尉殿

（別本士林証文）

水野信近は右衛門大夫（忠政、天文十二年没）の嫡子で、その居城は三河との国境に位置し、境川を挟んだ東側、三河国碧海郡苅屋郷には一族水野藤九郎守忠の苅谷城（刈谷市城町の刈谷城址）があった。こうした居城の位置関係から水野氏は織田に属したり松平氏に誼を通じたり微妙な立場に立たされていた（信近の妹は松平広忠に嫁して於大の方とよばれ竹千代を生んだが天文十一年実家に帰された）。

この書状によれば、今川義元は信近に対し夏中には尾張に向けて出馬することを伝え、その前に国境に砦を築くための軍勢を送るので、信近もこれに協力してほしいと要請している（信近がこの時点では今川方であったということか）。ここに「尾張境へ取手の儀申し付け」とある砦は『信長公記』首巻に「小河の水野金吾構へ差向ひ村木と云ふ所、駿河より丈夫に取出を構へ、駿河衆楯籠り候」と記された、緒川城の北方約一キロメートルに位置する村木砦であろう。しかし義元の進発は少し遅れて秋になった。『定光寺年代記』天文十九年条に「尾州錯乱、八月駿州義元五万騎ニテ智多郡へ出陣、同雪月帰陣」とあり（定光寺年代記は瀬戸市定光寺所蔵記録）、陣中から義元は伊勢御師亀田大夫に次のような判物を与えている。

今度進発に就いて、立願の為重原料内に於いて百貫文、新寄進として永く奉納せしむるなり。但し料地の事、□□□これを改め申し付くべし、此の旨を以て武運長久の懇祈を抽きんでらるべきの状。件の如し

天文十九年九月廿七日

治部大輔義元（花押）

亀田大夫殿

（勢州御師亀田文書）

またこの年のものと推定される、次のような十二月五日の義元書状がある。

今度山口左馬助別して馳走すべきの由、祝着に候。然りと雖も織備（織田備後守）懇望の子細候の間、苅屋赦免せしめ候。此の上味方筋の無事、異儀無く山左（山口左馬助）申し調え候様、両人異見せしむべく候。謹言。

十二月五日　　義元（花押）

明眼寺

阿部与□□衛門殿

（妙源寺文書）

宛名の明眼寺は、安城城の東方、三河国碧海郡桑子（岡崎市大和町）所在の浄土真宗高田派の寺院（現、妙源寺）。阿部与左衛門は不明であるが、松平の重臣に阿部氏が見えるのでその一族であろう。書状は、明眼寺住持と阿部与左衛門の斡旋により、尾張国愛知郡作良郷（名古屋市南区呼続町）の中村城主山口左馬助（教継）が今川方になったので、苅屋城主水野守忠を支援していた織田備後守信秀が、今川勢に包囲されていた苅屋城の後詰を諦めて、守忠の赦免を願い出てきたので、これを了承するというものであろう。この時苅屋と緒川の水野氏は織田方と今川方に分かれていたのである。

義元はその後も天文二十一年九月と翌二十二年九月にも尾張に出陣している。『定光寺年代記』天文二十一年条に「九月駿州義元、八事マテ出陣」とあるように、二十一年には那古野城（名古屋城の前身）の東南約八キロメートルに位置する山田郡八事（名古屋市昭和区八事本町）まで軍を進めた。同年遊行上人に就任した他阿弥陀仏体光が、義元から就任祝いの祝儀を贈られたことに対して、お礼を述べた九月五日の書状（清浄光寺文書）に「御祝儀万々珍重の至りに候、いよいよ国家繁営《(栄)》の基に候、尾州に向って御進発、是又目出候」とある。次いで『高白斎記』天文二十二年九月条に「四日戊申、（中略）向尾張、義元出馬」とあるが関連史料は見当らない。

今川氏は天文十八年（一五四九）三河から織田の軍勢を駆逐して、義元自身、十九年、二十一年、二十二年と尾張まで馬を進めたことは先に見た通りであるが、三河を完全に制圧したわけではない。織田信秀の後を継いだ三郎信長は、三河の国人らに対して反今川の誘いを繰り返したらしく。三河の国人の中には織田方に靡く者たちもいた。

天文二十一年五月、加茂郡大給城（豊田市大内町の大給城址）の松平左衛門督（親乗カ）が叛き、大給城が義元の命を受けた青野松平の甚太郎忠茂に攻撃された（東条松平文書・名将之消息録）。この反乱は周辺の土豪らをも巻き込み、三年後（天文二十四年）の九月になっても続いていたらしく、弘治二年（一五五六）二月二十九日、天野小四郎（藤秀）に宛てた今川義元感状（東京大学史料編纂所所蔵天野文書）に「去年九月十四日、大給・山中筋諸手相動、平五屋敷押破るの刻、先懸せしめ最前に鑓を入れ、粉骨する所比類無きなり」とある。山中郷（豊田市加茂川町）は大給の南隣で、共に松平氏発祥の地松平郷（同松平町）の西方に位置している。

天文二十四年（十月二十三日改元して弘治）設樂郡田峰村田峰城（設樂町田峯の田峰城址）の菅沼大膳亮（定継）も叛き（浅羽本系図三十三）、従兄の織部（定村）やその弟新三左衛門（定貴）が合力したが、大膳亮の弟たち、左衛門次郎・弥三右衛門・十郎兵衛尉・八右衛門尉等は加担していない（同上）。次いで西条城主吉良上野介義安が叛いた。この反乱に関わると思われる今川義元書状がある。

自筆の尊□［　　］本望に候。先々［　　］られ、珍重に候。西尾の御事大方は□得候や、義□御造意□□に及ばされ、即時に御舎弟長三郎殿人質と為し、緒河へ御越し候て、緒河・苅屋の□□西尾の城へ入れられ候。何の御不足候や分別能わず候。下ニてハ大河内・富永与十郎両人、張本の由申し候。荒河殿、幡豆・糟塚・形原堅固に候。何れも別して馳走候。御心安く候。猶々油断無く御養生簡要に候。重ねて［　　］。恐々謹言。

十月二十三日　　義元（花押）

［　　　　］
［　　　］

（韮山江川文庫所蔵文書）

損傷が激しく文字不明の箇所が多いが、「義□御造意」は義安御造意で「御舎弟長三郎」は義安の弟義昭ではなかろうか。義安がこの年逆心したことは、弘治元年と推定される閏十月四日付け幻庵（北条宗哲）宛の今川義元書状に次のようにあり確かである。

来翰祝着に候。（中略）其以後、吉良殿逆心成さるに就き、近日西条へ動の儀申し付け、彼庄内悉く放火、二百余打捕り候。御心安かるくべく候。なかん就く東口別条無く候哉、承り度く候。猶、来信を期し候。恐々謹言。

閏十月四日　　義元（花押）

幻庵御房

（内閣文庫所蔵走湯山什物）

今川氏の西条城攻めがどのような形で行なわれ、いつ終結したのかはわからないが、義元はこの戦いで降参した義安とその妻子を駿河に移し志太郡藪田（藤枝市下藪田）に軟禁、名代として西条城に弟の義昭（左兵衛佐ヵ）を入れた（『三河物語』・『松平記』）。『寛政重修諸家譜』は、義安〈三郎　上野介　実は義堯が二男、母は某氏、持広が養子となる〉に注して「某年家を継て東条城に住す。永禄四年今川氏真、義安が東照宮の御外戚たるをもてこれを疑ひ、義安を駿河国にとゞめをき、義昭をして東条にうつらしむ」とするが、義安が駿河国に軟禁されたのは永禄四年（一五六一）ではなく、この時とするのが一番矛盾がないと思われる。

そしてその翌年の弘治二年になると、額田郡比志賀郷日近城（額田町桜形の日近城址）の奥平久兵衛尉（貞友）が叛き（久兵衛尉は天文十七年にも謀反を起こした）、甥の九八郎（貞能、作手城主奥平監物貞勝の子）等一族が合力したらしい（東条松平文書・松平奥平家古文書写）。奥平久兵衛尉の反乱に影響されたのか、宝飯郡牛久保郷一色城（豊川市牛久保町の一色城址）の牧野民部丞成勝も反旗を翻した（牛窪記所収文書）。

また同年、吉良義安に代わって西条城に入っていた弟の義昭が叛いたので、義元は西条城に軍勢を差向けてこれを陥れ接収して、城名を西尾と改め家臣を入れた（西尾城の接収日時は詳しくはわからない）。弘治三年十月九日の今川義元判物写（三浦文書）によれば、三浦左京亮元政が西尾城に三年間の在城を命ぜられている（三浦文書）。また、同年十月二十七日、牧野右馬允成定も今川義元から五ケ年在城するよう命ぜられ所領を宛行われた（牧野文書）。

永禄元年（一五五八）四月、義元は、松平広忠の遺児次郎三郎元康に命じて、加茂郡寺部城（豊田市寺部町の寺部城址）を攻めた。同年四月十二日、松平次郎右衛門（重吉）に宛てた今川義元感状写（記録御用所本古文書）に「今度鱸日向守逆心の刻、走廻り日向守指出す寺部城を請取り候処」云々、『松平記』に「永禄元年春、三河国寺部城主鈴木日向守、義昭と一味致し末降参不申候間、元康初陣に御発向被レ成、比類なき高名被レ成、城外放火被レ成、本城斗に被レ成候間、今川殿大に感し御太刀を被レ下、山中三百貫の知行返給る」とある。

桶狭間の戦

義元は永禄三年、尾張への出陣に際して三河守の官途を申請したらしく、東大史料編纂所写本『瑞光院記』には、永禄三年五月八日付の治部大輔義元を三河守に任ずる口宣《くぜん》（天皇の命を蔵人が奉て太政官の上卿に伝宣する文書）と氏真を従五位下治部大輔に任ずる口宣、それぞれの写が載せられているが、この父子が三河守・治部大輔と署名した文書は見られないので、口宣案（勅命を当事者に伝える文書）が下される前に義元討死という事態に至ってしまったのであろうか。

さて尾張国知多郡の北部へ軍を進めた義元は、五月十九日同郡桶狭間に於いて討死してしまうのである。三浦内匠助正俊の書状に次のようにある。

去る十九日に尾州口に於いて不慮の御仕合わせ是非無き次第に候。然れば左衛門佐殿比類無き御動きの思し食し御感に候。其に就き御書成され候。此の上の儀、御城の段御油断有間敷く候。尚、左衛門佐殿御事を以て、目下は聞き得ず候。今度の儀は真に是非の申す事無く候。爰元の儀涯分油断無く仰せ付けられ候。御心安かるべく候。境目の儀人質などの事仰せ付けられ候わば、御内儀これ有るべく申し候。恐々謹言。

五月廿二日　　三浦内匠助

松井山城守殿
参御宿所

正俊（花押）

（『土佐国蠹簡集残篇』六所収）

宛名の松井山城守貞宗は、書状の中に出てくる左衛門佐宗信（遠江二俣城主）の父で、宗信はこの戦いで討死している。義元討死のことは信長の家臣佐久間右衛門尉信盛の書状にも見える。

尚以て御祓ならびに山桃・熨斗五把これを送り給わり候。目出度く拝領せしめ、熨斗御初尾三十疋進覧せしめ候。尚□にも申し入るべく候。

今度の合戦の儀に就き、早々御尋ね本望に存じ候。義元御討死の上に候間、諸勢討捕り候事、際限これ無く候。推量有るべく候。其に就き立願の儀委細御使与三郎殿へ申し候。聊か相違有るべからず候。恐々謹言。

六月十日　　信盛御書判

福井勘右衛門尉殿

まいる御返報

（伊勢古文書集）

次に参考までに後世の比較的古い記録三点から関連記事を抄出する。

『三河物語』

義元者、駿河・遠江・三河三ケ国の人数をもよをして、駿府を打立て其日藤枝に著、先手の衆は島田・神名谷・日坂・懸川に著。（中略）義元、池鯉鮒に著給ふ。此以前より、くつ懸・鳴海・大高をば取て持たれば、くつ懸の城には駿河衆入番あり。鳴海の城をば岡部の五郎兵衛がゐたり大高には鵜殿長勿番手に居たり。信長より大高には取出を取て、棒山の取出を佐久間大学と中者が持て、あけずしてゐたりしを、永禄三年庚申五月十九日に、義元は池鯉鮒より段々に押て大高へ行、棒山の取出をつくつくとじゅんけんして、諸大名を寄て良久《やや》敷評定をしてさらば責取。其儀ならば元康責給へと有ければ、自元蹉《すすむ》殿なれば、則押寄て責給ひければ、無程不乇して佐久間は切て出けるが、運も尽ずや討もらされて落て行、家ノ子郎党共をは悉討捕。其時松平善四郎殿・筧又蔵其外の衆も討死をしたり。其より大高の城に兵糧米多籠、其上にて又長評定の有けり。其内に信長は清須より人数をくり出し給ふ。（中略）弁当をつかはせ給ひて、ゆるゝゝとして御給ひし所に、車軸の雨がふり懸る処に、永禄三年庚申五月十九日ニ、信長三千計にて切て懸らせ給へば、我もゝゝと敗軍しければ、義元をば毛利新助方が場もさらさせずして討捕。松井を初として拾人余、枕を双討死をしけり。

『信長公記』首巻戦国史料叢書

御敵今川義元は四万五千引率し、おけはざま山に人馬の休息これあり。（中略、信長）山際まで御人数寄せられ候ところ、俄に急雨石氷を投げ打つ様に敵の輔に打ち付くる。身方は後の方に降りかゝる。沓懸の到下の松の本に二かい三がゐの楠の木、雨に東へ降り倒るゝ。余の事に熱田大明神の神軍かと申し候なり。空晴るゝを御覧じ信長鎗をあつ取って大音声を上げて、すはかゝれゝゝと仰せられ黒煙立て懸かるを見て、水をまくるが如く後ろへくはつと崩れたり。弓・鎗・鉄砲・のぼり・さし物等を乱すに異ならず、今川義元の塗輿も捨てくづれ遁れけり。天文廿一年壬子五月十九日旗本は是れなり、是れへ懸かれと御下知あり、未の刻、東へ向つてかゝり給ふ。初めは三百騎計り真丸になつて義元を囲み退きけるが、二三度四五度帰し合ひゝゝ、次第ゝゝに無人になつて、後には五十騎計りになりたるなり。信長下り立つて若武者共に先を争ひ、つき伏せつき倒し、いらつたる若ものども乱れかゝつてしのぎをけづり、鍔をわり火花をちらして火焔をふらす。然りと雖も敵身方の武者色は相まぎれず、爰にて御馬廻・御小姓・歴々衆、手負ひ死人員知れず、服部小平太、義元にかゝりあひ膝の口きられ倒れ伏す、毛利新介、義元を伐ち臥せ頸をとる。

『甲陽軍鑑』

一、永禄三年庚申五月十九日に駿河今川義元公四十二歳にて、尾張国でんがくがくぼと云所にをひて討死也。敵は尾州の侍織田弾正忠子息、今の信長二十七歳の時也。此合戦に義元公二万の人数、又信長は八百の人数を以て軍に勝給ひて義元公を討取る。

義元の葬儀は六月五日、臨済寺において、清見寺の月航玄津が鎖龕《さがん》、善得寺の景筠玄洪が掛真《かしん》、竜徳寺の棘庵宗淳が起龕、誓願寺の文益瑞奎が奠湯《てんとう》、月航玄津法嗣天淳崇睦が奠茶、臨済寺の東谷宗杲が下火《あこ》、貞永寺の梅霖□保が取骨《しゅこつ》、竜潭寺の南渓瑞聞が安骨、それぞれの法語を唱えて執り行なわれ、後に埋葬地に天沢寺が建立された（『妙心寺派語録』二所収「明叔慶浚等諸僧法語雑録」）。

天沢寺は臨済寺の南方に在った寺で、『駿河志料』巻之三十三安倍郡大岩村（静岡市葵区大岩）の項に「【陽光山天沢寺】〈廃、臨済寺扣、古へは青林寺山、天沢寺池に添ひ、寺地にて寺より南大門跡なり、今は墾開し水田となる〉開基天沢寺殿秀峰哲公大禅定門（大居士の誤記）。開山東谷宗果和尚。当寺は義元朝臣墳寺なり」云々とある。

四　上総介氏真

家督を相続するまで

氏真は天文七年（一五三八）義元の嫡男としての生まれ（慶長十九年没、享年七十七歳を逆算）、幼名を竜王丸と名付けられた。母は武田左京大夫信虎の女（『寛永諸家系図伝』）。その母は天文十九年六月二日、氏真十三歳の時に没してしまった（『高白斎記』・『明叔録』、諡は定恵院殿南室妙康大禅定尼）。この時の母の歳は父義元と同い年の三十二歳であったという（『続群書類従』武田系図）。義元の項で述べたように、死因は不明であるが、七日前の閏五月二十六日、妹も没しているので（武田家過去帳）、娘が流行り病に罹り看病にあたった母も感染してしまったのかも知れない。

花押の形より天文十五年頃のものといわれる、正月朔日付けの次のような今川義元書状写がある。

竜王丸の守衆として頭人申し付くるの上は、毎事粗略無く馳走さるべく候。幼少を守り立つ事、其の役苦労たるべく候。いよいよ奉公に励むべき者なり。恐々謹言。

正月朔日　　義元（花押）

三浦内匠助殿

（尾張文書通覧所収文書）

竜王丸の守役頭人を命ぜられた三浦内匠助正俊は、氏真が今川家当主になった後も側近として氏真をささえ、氏真の書状（東大史料編纂所所蔵天野文書）に「猶、三浦内匠助申し候」とあるように、副状を付すというような立場にあった。

竜王丸は十六歳になった天文二十二年頃元服して五郎氏真と名乗り、翌二十三年七月北条左京大夫氏康の女（後の早河殿）を娶った（『妙法寺記』・『北条記』）。この結婚は天文二十一年の氏真の妹と大膳大夫晴信の嫡子太郎義信との結婚（『高白斎記』・北条家過去帳・武田系図）。翌二十二年正月の北条新九郎氏政と武田晴信の女（義信妹）との婚約（『高白斎記』）を受けての政略結婚であった。

さて今川家は、代々「歌の道」には造詣が深い家であり、氏真もそれに漏れず若い頃より歌の道に勤しんでいる。氏真が歌の手ほどきを誰から受けたのかはよくわからないが、在国していた公家歌人冷泉為和が氏真十二歳の時に没しているので、為和からもそうしたことがあったのではなかろうか。

青年氏真が和歌を嗜んでいることは、権中納言山科言継にも知られていた。弘治二年（一五五六）十一月二十日の夜、氏真は駿府に下向していた言継より竹内門跡（覚恕法親王）筆の自賛歌と百人一首を贈られている『言継卿記』に「飯尾長門守礼に来り、樽代五十疋持来る。則ち五郎殿へ同道、迎に斎藤佐渡守・牟礼備前守・飯尾長門守・甘利佐渡守同道、中門外まで三浦内匠出合い奏者、五郎殿へ出られ、太刀、竹門の御筆、自賛歌・百人一首これを出す」とある。翌三年正月十三日、氏真邸で歌会始があり、二月二十五日には月次歌会が行なわれているので、次にその日の条を抄出する。

○弘治三年正月十三日条

（上略）今日の会始に着すべくの由これ有り、今日の懐紙これを調う、此の如し、遐齢松の如くにの倭歌を詠む

正二位言継

生さきのいつれたかけむ子日せし松の千とせは

（中略）三・予、勝路《時衆》を同道せしめ五郎殿へ罷り向う。先ず予におのおの礼を申す。葛山左衛門佐・富樫次郎・葛山左衛門佐・三浦上野介・進藤、、、・岡辺左太郎衛門・神原《(蒲)》右近・粟屋左衛門尉〈若州武田内牢人なり〉・朝比奈丹波守等なり。次におのおの懐紙これを置き、次に富樫民部少輔これを読み揚ぐ。

（下略）

○弘治三年二月二十五日条

（上略）三・予、勝路を同道せしめ、五郎殿へ罷り向う。即ちおのおの懐紙を置く三十二人。次に短冊〈三十五首〉硯蓋に予これを盛る。当座これ有り。人数三条亜相・予・大守・五郎・惣持院勝路上人・富樫次郎・武田左京亮・各和式部少輔・葛山左衛門佐・新野彦十郎・三浦上野介・一宮出羽守・木村左衛門大夫・沢路隼人佑・斎藤佐渡守・粟屋左衛門尉・最勝院・同子千菊・進藤弾正少弼・小原伊豆守・岡部太郎左衛門・朝比奈丹波守・由比玄陽・朝比奈下野守・飯尾若狭守・由比四郎右兵衛・同主計允・蒲原右近・医者徳源寺・孝甫・系以・三浦内匠等なり。最勝院素経懐紙等これを読み揚ぐ。（下略）

永禄八年（一五六五）九月、前中納言冷泉為益（為和の子）が駿府に下向し同十年三月初めまで滞在した（『公卿補任』）。この時氏真は為益の指導を受け、「古今伝授」されたようである（冷泉家古文書）。同十年五月駿府を訪れた連歌師紹巴は『紹巴富士見道記』に六月「十八日には於御屋形御張行、涼しさを招く代しるし玉の庭御満座以後、二十首御当座あり。御席の作法、冷泉院殿〈干レ時中納言為益卿〉御伝授とて都にてハミなれぬ事どもなり」と記している。

義元から氏真への家督譲渡が永禄二年（一五五九）以前であることは、同年五月二十日付け今川氏真禁制（西光寺文書）に家印「如律令」（角印）が捺されていることから知られていたが、この家印の使用が何時からであったのかは明確でない。

しかし弘治二年九月から翌三年二月まで在国していた前権大納言山科言継の日記（『言継卿記』）の弘治三年正月四日条に「次に三条大より隼人佑呼ばれ、則ち、罷り向うの処、明日朝餐以後屋形五郎殿へ礼に罷り向い、内々申し調うの間、同道すべきの由申さると云々、次に隼人佑を甘利佐渡守の所へこれを遣わす、大守への礼以後如何の由申し遣わす、留守と云々」とあるように、この時、氏真は「屋形五郎殿」とよばれていて、正月十三日に当主の屋敷で催されるのが恒例となっている今川家歌会始めを氏真が主催しているので、弘治三年正月には既に当主となっていたことが知れる。

よって、氏真の家督相続は弘治二年の暮れ頃であったと推定する。時に氏真十九歳、義元は三十八歳であった。ちなみに氏真発給の初見文書は、永禄元年（一五五八）閏六月二十四日、遠江国河匂庄老間村（浜松市南区老間町）の寺庵領の検地を免除した判物（祥光寺文書）である。また、同年八月十三日浅間社々家村岡左衛門尉の支配に関わる流鏑馬銭等を確認した朱印状（静岡浅間神社文書）の印文は「氏真」となっている。

ところで氏真が家督相続したといっても義元が領国経営から手を引いたわけではない。この時代の支配階級の隠居（大御所となる）というのは見せ掛けで、家督者は表に立てて背後で権力を行使するための方便であり、義元の場合は比較的安定した駿河と遠江の領国経営を氏真に任せて、自身は不安定な三河の経営に専心するための家督譲渡と見られている。

しかし父義元は永禄三年（一五六〇）五月、尾張に出陣、十九日、尾張桶狭間において討死してしまう。全く思いがけないことであった。その三日後の二十二日、氏真の側近三浦正俊は松井山城守貞宗に書状を送り「去る十九日に尾張口に於いて不慮の御仕合せ是非なき次第に候。然れば左衛門佐殿比類なき御働きの思食し御感に候」云々と、貞宗の子息、左衛門佐宗信（二俣城主）が義元と共に討死したことを、氏真が比類なき働きと讃えていると報じている（土佐国蠧簡集残篇六所収文書）。

この書状によって、氏真が義元の討死の知らせを受けたのは駿府であったと推測できる。つまり義元出陣の留守を守っていたのである。また同月二十五日、氏真は天野安芸守景泰に「今度不慮の儀出来、是非無く候。然れば当城の儀、堅固に申し付くの由、喜悦候。やがて出馬すべく候。猶、三浦内匠助申し候。謹言」という書状（東大史料編纂所天野文書）を送っている。この時景泰は三河辺りに在陣していたと思われるが、ここに見える「当城」は特定できない。

それはそれとして「やがて出馬すべく候」とあり、氏真は早晩三河に向けて自らも出陣しようとしていたことがわかる。しかし実際には戦後処理に追われたのと、松平蔵人佐元康が岡崎城で自立したことにより（『三河物語』・『松平記』）、氏真自身のこの時の三河への出陣は実行されなかったのである。氏真が三河へ出馬するのは後で述べるように永禄五年である。

なお、氏真は永禄三年冬から翌年春に掛けて、義父北条氏康の要請に応えて、武蔵国河越城に加勢として、側近の一人小倉内蔵助勝久を派遣している（古今消息集三・小倉文書）。上杉景虎（後の謙信）の来襲に備えるためである。

三州錯乱と遠州忩劇

永禄四年になると、松平元康は織田信長と同盟（領土協定）を結び（本多隆成『定本徳川家康』1・2）、今川方となっていた三河の国衆を味方に誘った。東三河では、宝飯《ほい》郡大塚城（蒲郡市の大塚城址）の岩瀬吉右衛門尉、八名《やな》郡嵩山《すせ》西郷城（豊橋市嵩山町の市場城址カ）の西郷弾正左衛門入道定省（将員）、設楽《したら》郡富永城（新城市の野田城址）の菅沼新八郎定盈、同郡島田城（鳳来町の島田城址）の菅沼久助定勝等が、今川氏から離反。幡豆《はず》郡西尾城（西尾市の西尾城址）に在番していた宝飯郡牛久保城（豊川市の牛久保城址）の牧野右馬允成定の牛久保城中では家中が今川方と松平方に分かれ四月十一日合戦に及ぶなど（松平方は敗れて、岡崎へ向かって逃走）、「三州錯乱」という状況になった（集古文書・牧野文書・松平奥平家古文書写・菅沼文書・槇文書・稲垣文書）。

この三州錯乱に対して三河の今川軍は五月、菅沼方の八名郡宇利城（新城市中宇利の宇利城址）を攻め、次いで設楽郡富永口（新城市川田付近カ）で菅沼の軍勢と、七月には嵩山市場口（豊橋市嵩山町の市場）で西郷の軍勢と戦い、九月宝飯郡大塚城を攻め、また、嵩山西郷城を攻めて西郷父子を討取り、十月設楽郡島田砦を攻撃している（朝比奈文書・千賀家文書・牧野文書・田島文書・集古文書・浅羽本系図四十七・松平奥平家古文書写など）。なお、この年の五月（あるいは六月）幡豆郡西尾城（西尾市の西尾城址）が、八月には宝飯郡長沢城（音羽町長沢の長沢城址）が松平軍の攻撃をうけて落城してしまった（牧野文書・『三河物語』・『藩翰譜』・『松平記』）。

こうした今川と松平の抗争を聞いた将軍足利義輝は、永禄五年正月二十日、氏真に次のような御内書を遣わして対立する元康との和解を促した。

当国と岡崎と鉾楯の儀に就き、関東の通路合期せずの条、然るべからず。是非を閣《さしお》き、早速和睦せしめば神妙たるべく候。委細三条大納言（三条西実澄）并びに文次軒、演説すべく候。猶、信孝申すべく候なり。穴賢。

正月廿日　　（花押）

今川上総介殿

（大館市立図書館真崎文庫所蔵）

同様な御内書は、北条左京大夫氏康と（同上）、武田大膳大夫入道信玄（晴信、永禄二年入道する）にも出され（秋田藩採集文書四十四）、その協力が要請された（柴裕之「永禄期における今川・松平両氏の戦争と室町将軍」『地方史研究三二五号』）。しかし、三河の領国化を目指す元康との間が好転するはずはなかった。

元康はこの頃、去年の八月に続く二度目の宝飯郡西郡城（蒲郡市神ノ郷の上之郷城址）攻めを始めたので（茨城県立歴史館所蔵関沢文書・『三河物語』）、氏真は西郡城救援のため三河へ馬を進めた。城主鵜殿藤太郎長照は、東三河の多く土豪が松平方となるなか一貫して今川方として踏み留まっていたが、氏真の救援も間に合わず二月四日討死してしまい西郡城は落城した（『譜牒余録』巻第五十五・『本興寺誌』所収鵜殿系譜・長存寺文書）。

そのため氏真は牛久保城に入り、三浦右衛門大夫真明に、富永城攻撃を命じた。永禄五年八月七日、稲垣平右衛門尉重宗に与えた今川氏真感状（牧野文書）に「去る二月三州出馬の砌り、富永へ三浦右衛門大夫相動らき候刻、案内者として指置くの処、広瀬河端に於いて随近の敵一人討捕り」云々とある。富永城は四月七日開城、城主菅沼新八郎定盈は退城した（千賀家文書・牧野文書・『菅沼記』は定盈は岡崎へ行ったとするが、『寛政譜』はこれを永禄四年のこととし、定盈は西郷に行き高城という地に砦を築いて住んだとする）。氏真は攻略した富永城を接収して牧野右馬允成定に在番を命じた（牧野文書）。が、それはわずかな間で、富永城は間もなく菅沼定盈に取り返されてしまったようである（『菅沼記』）。

その後、氏真は牛久保城の北方の一宮砦を攻撃した。『松平記』に「氏真、三河へ御馬を被レ出《だされ》、駿河衆一万余騎、牛久保に陣張有処に、一宮取手に家康衆五六百にて籠る間、氏真千余の人数にて被レ攻《せめられ》端城二ツ攻落すと聞えしかば、家康三千の人数にて一宮の後詰に出られ、佐脇の八幡の間に出張し給ふ。（中略）家康は駿河衆先手と旗本の間をやぶり合戦を初め、先手衆を追払、籠城の岡崎衆本多百助を初皆突て出でゝ合戦し、利を得て引とる」とある。ただ、この一宮砦攻めについては、永禄六年三月二十四日の今川氏真感状（田島文書）に「去年調略を以て、一宮端城幷びに地下中放火」とあるのみでその月日が明らかでない（六月と推定される）。

この後、氏真が何時まで三河に在陣していたかはわからないが、今川と松平の衝突は、同年九月二十九日の宝飯郡八幡合戦（牧野文書・三川古文書・千賀家文書）、十一月九日の宝飯郡大代口合戦（松平奥平家文書写）、翌六年五月十二日の宝飯郡御油口合戦（小笠原文書・富士文書）が知られている。

松平元康（秋頃、家康と改名）の反今川の工作は遠江にもおよび、永禄六年十二月、浜松庄引間城（浜松市中区元城町の浜松城址）の飯尾《いのう》豊前守連竜が反乱し、これに豊田郡二俣城（浜松市天竜区二俣町二俣の二俣城址）の松井八郎宗恒や、山香庄犬居谷（浜松市天竜区春野町）の天野安芸守景泰・七郎元景父子が同調した（『掛川誌稿』巻九尾上文書・大沢文書・集古文書所収三和文書・『今川家譜』）。これを「遠州忩劇」という（成瀬文書・西楽寺文書など）。

飯尾氏は今川氏親の遠江平定直後より引間城に置かれ、善左衛門賢連―豊前守乗連―豊前守連竜と三代にわたり城主の地位にあった今川の有力家臣の一人である。また、松井氏も有力家臣の一人で、山城守貞宗―左衛門佐宗信―八郎宗恒と三代にわたり二俣城主を務めていたのである。天野氏は多くの史料が伝わっているので犬居谷（犬居三ケ村とも）を本拠とする有力武士であることはわかるが、今川氏家臣団における地位については今一つ明確でない。なお『今川家譜』は堀越氏も加担したとするが、堀越氏は天文六年（一五三七）に滅亡したと思われるので錯誤であろう。

この遠州忩劇鎮圧のため、氏真が派遣した軍勢は十二月、引間城の東方、長上飯田郷（浜松市南区飯田）において飯尾勢と合戦になった（大宮司富士家文書・土佐国蠹簡集残篇所収文書など）。しかし容易にこれを打ち負かすことができず、戦いは年が明けても続き二月二十四日、引間口（浜松市中区中島辺ヵ）の孫妻河（馬込川）における戦いでようやく勝利に漕ぎ着け収拾に向かうが（御家中諸士先祖書・都筑家文書）、家臣の反乱の鎮圧にこのように日にちを費やしたのは、今川氏がここにその権力の弱体を曝け出したということである。ただこの時三河において一向一揆が勃発し、家康が遠江に進軍できなかったということは幸いであった。

永禄七年三月下旬、一向一揆を制圧した家康は、六月、吉田城を始めとする今川の城への攻撃を始めた（『今橋物語』『参河国聞書』『田原近郷聞書』など）。ただよくわからないのは、こうした状況であるにもかかわらず同年七月、氏真は北条氏康の要請に応えて関東へ出馬していることである。氏康が、上杉軍が抑えている北関東に打撃を加えるためで、この要請は武田信玄にもなされたことが、同年と推定される四月十四日の河村定真書状（結城文書）に見え、八月六日の小田氏治書状（白川文書）に「去る月（七月）廿六日、氏康は大神と号す所（武蔵国）迄出陣、洪水故今に進陣これ無く候。今川方廿四日に出国、小田原へ去る月末に着陣、当月二日氏真へ対談、漸く水も落足に候間、進陣たるべく候。信玄西上州へ越山」云々とあり、七月武蔵に出陣した氏康が洪水のため利根川を前に足留を食い、そこへ氏真率いる今川の軍勢が到着したという。また、九月九日の北条綱成書状（会津四家合考巻一付録）にも「既に駿・甲相談し打ち出でらるべきみぎり、七月下旬洪水以ての外に候。此を以て妨げ今に延引是非に及ばず候。十月中旬に至れば、利根川浅瀬出来たるべき間、必ず駿・甲一同越河たるべく候」とある。しかしこの氏真の関東出馬については、これ以上の史料が見当たらず詳細を明らかにすることができない。

永禄八年三月十九日、吉田城代大原肥前守資良は家康からの使僧の説得を受け入れ城を開き、遠江鵜津山城（湖西市入出の芋津山城址）に退去、同時期（日時は明確にできないが、おそらく吉田開城と同時であろう）、牛久保城（匂坂六右衛門尉長能）と田原城（朝比奈肥後守元智）も開城（『今橋物語』『牛窪記』・江崎庸三氏所蔵文書・『田原近郷聞書』『参河国聞書』など）、これを以て三河の今川軍勢は全て三河から撤退し、今川の領国は遠江と駿河二国だけになってしまった。

駿府退去とその後の氏真

永禄八年、武田信玄と嫡子太郎義信の間に対立が生じ、それは益々悪化していった。義信の妻は氏真の妹（後の貞春尼）であったことからこれに不安を感じた氏真は、永禄十年になると上杉謙信と接触を始めた。氏真の路線変更は、この年の十月十九日、義信が信玄に殺されたことにより決定的となった。氏真が謙信と組んで信玄を挟撃しようとしていることを深く恨んだ信玄は、それから三年後の永禄十一年十二月六日、甲府を発ち駿河に進攻して駿府の今川屋形に向った（赤見文書・『歴代古案』・『護国禅師三十三回忌香語写』・『北条記』

など)。

これに対し氏真は、清見が関の清見寺(静岡市清水区興津清見寺町)に陣取、薩埵山(興津東町・西倉沢)に軍勢を配してこれを迎撃しょうとしたが、家中に信玄に内通している者が多く居ることを知り駿府に引き上げ、十三日駿府を捨てて重臣朝比奈備中守泰朝の待つ遠江国佐野郡の懸川城(掛川市掛川の掛川城址)に入った(西原文書・『別本歴代古案』・『小倉家由緒書』)。すると信玄の駿河侵攻に呼応するように遠江に進攻した徳川勢が懸川城を囲み、年の明けた永禄十二年正月二十日から城攻の戦いが開始されたが(『古今消息集』・『亨禄以来年代記』)、氏真方も強固に籠城を続けた。

このように家康は懸川城を攻めるには攻めたが、氏真を討取ろうという気持ちはなかったと見えて、その後氏真に和睦を申し入れる一方、信玄が引き上げた(四月下旬甲府に帰陣)駿河に、氏真を帰そうと北条氏と交渉を始めた。その結果五月に入り交渉がまとまり(『松平記』・『北条記』・『古今消息集』・三浦文書)、これを受け入れた氏真は、五月十五日懸川城を家康に渡し(歴代古案三)、豊田郡懸塚湊(磐田市掛塚)から駿府に向ったが、駿府の館城《やかたじろ》は武田勢によって焼き払われてしまっていることを聞き、十七日庵原郡の蒲原城(静岡市清水区蒲原の蒲原城址)に立ち寄った後、駿東郡沼津に至った(『松平記』・『小倉家由緒書』・色々証文・岡部文書)。

そして薩埵山から三島に退陣していた北条氏政と対面、氏政の嫡男で当時八歳の国王丸(後の氏直)を養子として今川の名跡を譲った。

国王殿養子申し候事。次いで闕所知行方の事。堅札に顕わさる如く、氏政に申し談ずべく候。此の旨御分別を以ていよいよ心底の段、御異見に任せ置かれ申し候。恐々謹言。

五月廿三日　　　　氏真御判有り

（宛名を欠く）

（安得虎子所収三浦文書）

このことを氏政は、閏五月三日、大宮城の富士兵部少輔信忠や興国寺城の垪和伊予守氏続らに報せている（大宮司富士家文書・垪和氏古文書・東大史料編纂所写真帳感状写）。

氏政との対面を終えた氏真は、その後伊豆国境に近い駿河国駿東郡の大平城（沼津市大平の大平城址）に入ったが（閏五月十五日以前。三浦文書・矢部文書）、在城すること一年、翌元亀元年（一五七〇）夏、信玄の駿東郡への攻撃が始まったため大平城を出て、妻北条氏（北条氏康女）らが居住する相模国西郡早川庄（小田原市早川）に移った（相州文書・山吉文書・竜潭寺所蔵『記事緒余』・山吉盛禮氏所蔵文書）。妻北条氏（早河殿とよばれるようになる）は、三島で氏真と別れて兄氏真政と共に一足先に小田原に赴き、同行してきた義妹貞春尼（武田義信後家）や伯母（中御門宣綱後家）らと共に早川庄（小田原市早川）に住んでいたのである（伊勢御師亀田大夫文書・『言継卿記』・『相州文書』海蔵寺および久翁寺宛北条氏康禁制写。前田利久「後北条氏庇護下の今川氏真について」『地方史研究静岡』第29号）。そしてこの年長男（後の五郎範以）が生まれている（寛政政重修諸家譜の享年より逆算）。

ところで氏真は、国王丸に名跡を譲った後も駿河に文書を発給し、現在五十通余りが知られていて、それらは随従していた家臣に駿河国内の直轄領（と認識する）を宛行ったものが多く、氏真が未だ駿河回復の望みを失っていないことがわかる。しかし元亀二年（一五七一）十月三日、妻早河殿の父親北条氏康が没すると、前々から兆しのあった武田信玄との和睦が成り（甲相同盟の成立）、その望みは断たれてしまうのである（酒入陽子「掛川城開城後の今川氏真について」『戦国史研究』第39号）。

元亀三年五月十九日、亡父義元の十三回忌の法要を早川庄久翁寺において執り行った氏真は（龍潭寺所蔵『記事緒余』所収天沢寺殿香逢大居士十三年忌拈香拙語）、翌天正元年（一五七三）春、武田信玄病に倒れるとの情報を得ると浜松城の徳川家康を頼って海路遠江に渡り浜松城に行き庇護された（鎌田文書）。氏真の浜松滞在については、家康が織田信長に了解を取っていたといわれる（乃美文書正写織田信長書状写ほか）。

天正三年正月、氏真は「物詣の志ありて発足」上洛し都のあちらこちらを見物（今川氏真詠草）、三月二日には参議織田信長と面会して百端帆を献上し（それ以前に香炉を献上）、同二十日信長の所望により相国寺において、三条殿父子（三条実枝・公明）、藤宰相父子（高倉永相・永孝）、飛鳥井殿父子（雅教・雅敦）、広橋殿（兼勝）らと蹴鞠を披露している（『信長公記』）

それから一ケ月ほど過ぎた四月二十三日、京都を発った氏真は、五月十五日、三河国宝飯郡の牛久保城（豊川市の牛久保城址）で長篠（長篠の戦）の後詰をしている。長篠で勝利した家康は六月初めに駿河に乱入したが、氏真もこれに従って清見ケ関辺りまで行っている（今川氏真詠草）。ちなみに、氏真が入道して「宗誾」と号すようになったのはこの頃からである。

天正三年八月、遠江国榛原郡の諏訪原城（島田市菊川の諏訪原城址）を陥れた家康は、城名を牧野城と改め、氏真を入れて、松平甚太郎家忠と同周防守忠次にこれを補佐させたが（埼玉県光西寺所蔵松井文書）、氏真を先鋒として駿河に攻め入り駿河を奪還するという情勢にはならず、五年三月氏真は浜松に引き取られた。その時海老江弥三郎に与えた判物がある。

牧野入城の刻より無沙沙無く奉公せしむと雖も、御内議に任せて浜松へ罷り帰るの義、是非に及ばず。本意の時に於いては走り参り奉公せしむべきなり知行配当等の義は、一々其の次第申し付け、相違有るべからざる者なり。仍って件の如し。

天正五年（丑）

三月一日　　宗誾（花押）

海老江弥三郎殿

（海老江文書）

これが氏真発給文書の最後となった。浜松の家康の許に居た氏真は（『家忠日記』・『明良洪範』）、家康が浜松から駿府に移るのに随従、天正十八年家康が関東に移封されたのを期に上洛したらしく、その後『言経卿記』にしばしば名（仙巌斎宗誾）が見える（京都四条の辺りに住んだという）。そして慶長十七年（一六一二）四月、駿府に下り家康に謁し（『駿府記』）、同十九年十二月二十八日没した（北条家過去帳）没したのは江戸といい、享年七十七、法名は仙岩院殿豊山泰英大居士（『今川家略記』は仙岩院機峰宗俊大居士とする）、葬地は江戸市ヶ谷の万昌院（『寛政重修諸家譜』、後に江戸郊外の観泉寺〈東京都杉並区今川町〉に改葬）。なお妻の早河殿は、前年慶長十八年二月十五日没し、蔵春院殿天安理性禅定尼と諡された（北条家過去帳）。

氏真には四男一女があるが（『寛政重修諸家譜』）、長男（範以）の生まれたのは、三十三歳の元亀元年（一五七〇）である。氏真は十七歳の時早河殿と結婚しているので、吉良上野介義定の妻となった女（慶長十七年没）が第一子としても、長い間子供に恵まれなかったということになる

長男範以（五郎、左馬助）は、慶長十二年十一月二十七日、山城国において三十八歳で没してしまったが、その子直房（はじめ五郎範英、刑部大輔、左少将）は慶長十六年徳川秀忠に出仕し、のちに高家に列せられた。

次男高久（新六郎、天正生まれ）は慶長三年より秀忠に仕え（品川氏を称すよう命ぜられる）、同十六年八月四日没し江戸市谷の万昌院に葬られた。享年六十四。三男安信は西尾伝十郎と称したというが不詳。四男澄存（天正七年生まれ）は、聖護院准后道澄の弟子となり、後に若王子神社に住し若王子大僧正とよばれたという。

高家今川氏系図

人名ゴシックは高家に就任した人。

- **氏真** 五郎 上総介 宗誾
  仙岩院殿豊山泰英大居士
  慶長十九・十二・廿八 七十七
  - **範以** 五郎 左馬介 宗誾
    母北条氏康女
    徳報院殿秀山長英大居士
    慶長十二・十一・廿七 三十八
    - **真房** 初範英 五郎 主膳正 刑部大輔 左少将
      母吉良義安女
      浄岑院殿松山青公大居士
      寛文元・十一・廿四 六十八
      - **範明** 左京
        松林院殿融峰春公大居士
        慶安元・閏正・四
      - **範興** 五郎
        幻桂童子
        慶安二・六・十六
      - **女子** 大久保忠高妻
      - **女子** 松平勝広室
    - **以庸** 西尾 蔵人
      寛永十五・十二・廿五 三十三
    - **女子** 大友義親妻
      観泉寺殿簾室慶公大姉
      万治元・閏十二・三
    - **女子** 吉良義弥妻
      養寿院殿慈峯貞春大姉
      万治二・六・四
      - **弥清** 岡山 八兵衛
        - （イ）
  - **高久** 品川 新六郎
    松月院殿瑞雲文青大居士
    寛永十六・八・四 六十四
    - **高如** 新太郎
      寛文十一・四・廿五 六十
      - **重治** 初忠勝 伝三郎 松平修理亮
        松平勝隆嗣子
        - （ロ）
    - **高寛** 権太夫
      元禄十二・八 八十二
      - **氏睦** 今川 初範明 次氏勝 彦太郎 刑部 丹波守 侍従
        高徳院殿傑堂英公大居士
        元禄十二・六・廿五 三十二
      - **高清** 品川 長十郎
  - **安信** 西尾 伝十郎
    慶長十八・十一・三
  - **澄存** 大僧正
    京都若王寺住持
    承応元・八・廿三 七十三
  - **女子** 吉良義定妻

（イ）

- **氏堯** 今川 竜王丸 大学
  慈雲院殿覚法光性大居士
  延宝元・十一・十五 三十二

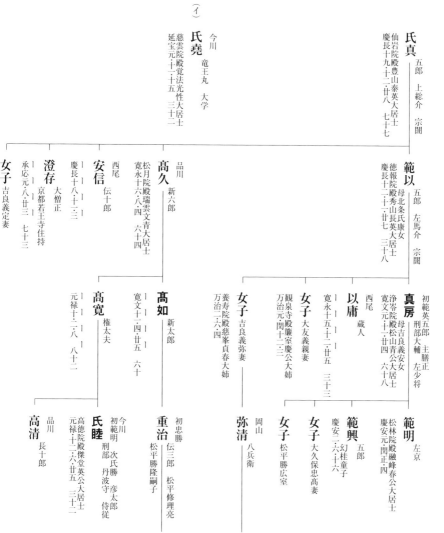

（ロ）

伊氏 品川 内膳 豊前守 采女
祖父高如養子
正徳二・九・廿二 四十四

信方 小三郎

範高 今川 豊五郎 刑部
母蒔田実行女
乾功院殿仁岳宗寛大居士
正徳二・二・十五 十九

範主 今川 彦五郎 民部
母範高同
浄修院殿功山源英大居士
享保十三・六・廿八 三十一

範増 品川 小五郎

女子 山岡景之妻
蓮操院殿香室貞隆大姉
延享二・三・廿八

女子
戒暁院殿華悦蕊紅大姉
享保廿・二・廿五

範彦 主膳
母某氏
寂照院殿清岸浄空大居士
寛延二・七・五 三十四

勝文 次郎助
松平勝秀養子

女子 赤井林幸妻
安盛院殿祖観妙意大姉
寛延四・六・廿八

義泰 彦三郎 主馬 丹後守 侍従
母某氏
仰高院殿徳峰賢威大居士
天明四・正・十 五十七

女子 稲垣正庸妻
智玉院殿瑚室貞珊大姉
安永八・八・八

義彰 初義乾 彦松 刑部 主馬 丹波守
賢亮院殿英忠雄威大居士
文政元・八・十二 六十二
（ハ）

女子
俊嶺院殿松巌貞操大姉

（ハ）

義用 彦三郎 刑部大輔 上総介 侍従
母小笠原政方女
寛隆院殿仁山良義大居士
天保十・十二・廿八 五十三

女子 早知
実瀬名貞如女
梅芳院殿南窓妙枝大姉
寛政七・十一・廿

義順 彦松 太郎
瑞竜院殿法雲自昇大居士
天保十二・五・九 三十一

某 吟治郎 治左衛門
窓寒院義山了明居士
嘉永六・十二 廿六

範叙 彦五郎 駿河守 刑部太輔 侍従
深信院殿随喜日徳大居士
明治二十・十一・三
得太郎国広

叙人 竜雅丸
竜彰院殿豊堂淑儀居士
明治五・六・廿二

せん 篠富孝妻
松徳院仙誉妙蔵大姉
明治三十七・七・十四

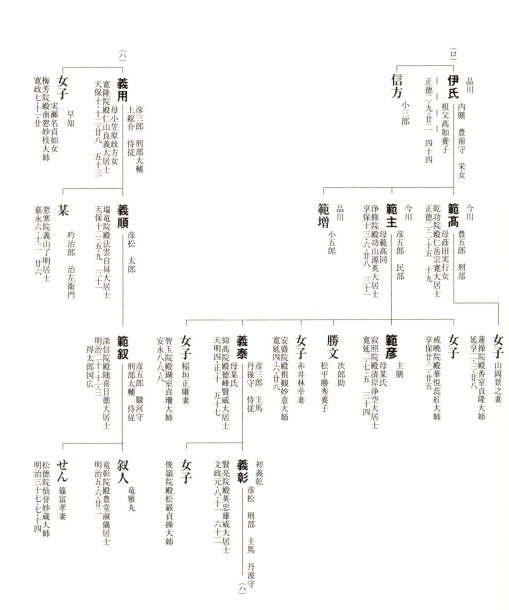

今川氏系図

（上略）

駿遠三ケ国主
今川上総介　治部大輔　駿河守　従四位下

義元

東照大権現之御養父　号天沢寺殿　法名秀峰哲公大居士
永禄三庚申年五月十九日尾州桶狭間ニテ織田上総
介平信長ト戦ヒ家中之諸子一千余人共ニ討死
母ハ大納言宣胤卿御息女

女子　中御門大納言室

女子　北条相模守平氏康室

女子　関口刑部室

氏真

駿遠両国主　今川上総介　駿河守　従五位下
号仙巌殿　法名機峯宗峻大居士
永禄十一年十二月為甲斐之信玄駿府落城
慶長十九甲寅年十二月二十八日卒ス行年七十八才

義成　出家

号象耳泉奘宗師大和尚
天正十年五月十八日遷化　東山泉涌寺六十九世也

女子　武田太郎源義信室

氏清

今川彦五郎　後源四郎　号唯泉大徳
慶長二丁酉年十月廿九日卒ス行年三十四才
母ハ庵原右近忠康女也　天正八年三月四日死去
号貞性院　法名桃光妙顔信女

範以

今川左馬之助　号徳報寺殿　慶長十二年十一月廿
七日卒ス行年三十八才　母ハ北条氏康女

高久

品川新太郎　依台徳院殿之命而始而号品川
母ハ範以ト同ジ

安信

彦五郎　母ハ範以ト同ジ

澄存

号徳本院　母ハ範以ト同ジ

女子　吉良佐兵衛督室

氏範

今川新太郎　後源次郎
玄性法橋　天正十年三月五日生　元和九年六月八
日死去　母ハ長尾新五郎衛女　慶長十乙巳年正月
十二日逝　号得長妙春禅定尼

女子　奥村祐助妻

女子　岡村佐右衛門妻

氏興　早世
今川新太郎　慶長十年三月四日
法名源良童子

氏貞
今川新次郎　後源四郎　号実山
法名常喜法橋　慶長十一年八月三日生
元禄十六年未九朔日逝　母ハ佐野喜左衛門女
承応三年十月五日逝　法名観相妙音大姉

女子
佐原又右衛門妻

氏勝
今川太郎兵衛　予州宇摩郡ニ而逝
法名悦道養喜法橋　元禄十四辛巳年五月二日

氏国　早世
今川新次郎　承応三年午年十一月十四日
法名良光童子

氏俊
今川佐太郎　後庄三郎　号円清
法名長尭法橋　明暦二年十月二十一日生
享保十年四月七日逝　母ハ岩崎源兵衛女　享保三
年九月廿四日死　法名光室妙性禅定尼

氏房
今川三十郎

女子
坊沢八右衛門妻

氏満
今川定右衛門

女子
山本伊兵衛妻

女子
岡本吉郎兵衛妻

女子
栗原嘉右衛門妻

氏秋　早世
貞享元甲子年十一月廿四日
法名大光童子

女子　早世
元禄七甲戌年二月四日
法名妙色童女

氏義
今川政吉郎　後久左衛門　号月窓
法名道祐法橋　元禄十一年四月八日生
安永二年七月廿六日逝　母ハ享保五庚子年三月六
日死ス　法名泰相妙安禅尼

女子
小川新九郎妻

氏賢
今川喜之助

女子
谷　与七郎妻
以上八人共ニ母ハ同ジ河村清右衛門娘也

女子　早世
享保十乙卯年三月三日
法名蓮光童女

氏助　早世

今川政太郎　後政右衛門　延享三年正月廿日
法名円智大徳

氏忠

今川久米之助

氏重

今川久之丞

氏基

今川庄吉郎　後利八郎　号善室　法名円慶法橋
元文元年六月十三日生　明和六丑年九月十七日逝
行年三十四才　母ハ落合平右衛門娘也　安永七年
四月十日死去　法名清窓妙月信女

氏仲

今川丹治郎　武州江戸浅草寺町海島山宗福寺弟子
ト成　早世　法名石蘭

女子

岡村忠蔵妻

吉氏

今川久蔵　後富十郎　後久右衛門
明和六丑年六月十五日生　母ハ栗原甚左衛門娘
氏真公長子氏清ヨリ吉氏迄七代千葉山ニ蟄居ス
嘉永五子年十月廿一日死　法名仏屋栄泉法橋
一老勤ム　行年七十

某

弁之助　吉十郎
帰源遊武居士

義元ヨリ十代

今川久次郎

氏温

文化元甲子年生　母ハ後口旗平次郎娘

氏春

今川宇兵衛　号法名光行法橋
大正十三年十月十日卒ス　行年八十三才
母長島三郎兵衛娘

次作

府中在瀬名村与左衛門養子
母同所

宇作

今川宇作　陸軍軽重輸卒　明治十四年四月生
明治卅七年ノ戦役ニ参加シ遼陽ニテ病死ス
号法名勇勤義彰大徳　行年二十五才

女子

丸石長吉妻

女子　早世

（以上）

右　島田市千葉・今川勝躬氏蔵本ヲ書写（昭和三十五年）

羽衣出版の郷土資料

『東海道五十三駅勝景』
◇貞秀が描いた鳥瞰図、駿遠豆の31景
◇名所・名物が記載された道中案内
　Ｂ４・カラー絵図31枚セット・１２０００円

『復刻　静岡県史跡名勝誌』
◇県が大正11年に編集した史跡名勝集成
◇駿遠豆の史跡名勝３６７カ所と当時の写真
　Ａ５・上製・３４８頁・５５００円

遠江怪奇物語『事実証談』中村乗高原著
◇文政６年刊、遠州の「遠野物語」翻字版
◇伝承や人や獣の霊、祟りなどの話２１５話
　Ｂ５・上製・５１２頁・９８００円

『写真集　静岡県の絵はがき』
◇故郷の懐かしい風景２２００景
◇明治～昭和の県下各地の風景が総登場
　Ａ４・上製・４５０頁・３００００円

『東街便覧図略』（伊豆・駿河・遠江の部）
◇天明６年刊、猿猴庵の東海道見聞絵図集
◇当時の名勝地や風物を絵と文で伝える
　Ａ４・上製・２５２頁・函入・２２０００円

【静岡県の伝説シリーズ】
◇戦前の伝説集を現代仮名とさし絵で
　①新版静岡県伝説昔話集（上）②（下）
　③駿河の伝説　④遠江の伝説
　⑤伊豆の伝説　⑥駿府の伝説
　Ａ５・上製・各２０００円

『建穂寺編年　現代文訳』石山幸喜訳
◇幻の寺といわれる建穂寺寺史の現代文訳
◇白鳳13年から享保20年の出来事を記録
　Ｂ５・上製・２２０頁・３０００円

『東海道名所図会　復刻版』
◇寛政９年版を原寸大で忠実に影印復刻
◇宿場・古跡・名物など挿絵３００図入
　Ｂ５・上製・９２０頁・１５０００円

『続　駿河の古文書』
◇初心者から習熟者まで学べる古文書解読書
◇地元文書多数。中世文書・仮名文書も採用
　Ｂ５・３６０頁・４０００円

『国学者小國重年の研究』塩澤重義著
◇森町小國神社中興の祖、歌格研究「長歌詞珠衣」で
　知られる小國重年の一生と業績
　Ａ５・上製・３２０頁・５０００円

（著者プロフィール）

大塚　勲（おおつか・いさお）

1945年　静岡県島田市に生まれる。
「戦国史研究会」「静岡県地域史研究会」元会員
著書　『大井川流域の中世史』朝日書店 2005
『焼津市史』第三編「中世の焼津」執筆
『今川氏と遠江・駿河の中世』岩田書院 2008
『戦国大名今川氏四代』羽衣出版 2010
『駿河国中の中世史』羽衣出版 2013
論文　「今川領国の農地とその開発」（『今川氏とその時代』清文堂 2009）
現住所　〒 421-0122　静岡市駿河区用宗四丁目1 -25-503

今川一族の家系

平成二十九年七月十九日発行
定価　本体二三一五＋税

著者　大塚　勲
発行人　松原　正明
発行　羽衣出版
〒四二二―八〇三四
静岡市駿河区高松三二三三
TEL〇五四・二三八・二〇六一
FAX　〃

ISBN978-4-907118-30-3 C0021 ¥2315E